KB057071

도쿄를 바꾼 빌딩들

도쿄를 바꾼 빌딩들

디벨로퍼와 함께하는 도쿄여행

박희윤 지음

북스톤

PROLOGUE | 도쿄라는 '도시'의 매력을 찾아서

코로나19 이후 도쿄여행을 떠나는 이들이 부쩍 늘어난 듯하다. 기분 탓인가 싶어 검색해보니 도쿄는 엔데믹 이후 전 세계 여행자들이 가장 많이 방문한 도시 4위에 올랐다고 한다. 우리 서울이 16위니, 아시아권에서는 가장 높은 순위다. 느낌이 아니라 실제 수치상으로도 여행객이 증가한 셈이다. 게다가 내 주변만 보아도 도쿄를 찾는 사람들의 면면이 달라졌다. 우선 연령대도 꽤 다양해졌고, 재방문율도 높다. 도쿄의 인기가 이토록 꾸준한 이유는 무엇일까?

우리 입장에서 보면 서울과 가깝다고는 하나 오히려 가까워서 덜 갈 수도 있다. 맛집이 많다고는 하나, 독특한 카페나 맛있고 트렌디한 식당이라면 이제 서울도 뒤지지 않는다. 오히려 훨씬 갈 곳이 많다고 보아도 좋다. 그럼에도 사람들이 계속해서 도쿄를 찾는 것은 단순히 크고 편리한 도시여서가 아니라, 도쿄를 이루는 지역들이 각기 다양한 매력을 품고 있기 때문일 것이다. 도쿄는 어딜 가도 좋은 여행지이기만 한 곳을 넘어 어딜 가도 그 나름의 멋이 있다. 즉 고유한 특성을 지닌 동네와 차별화된 콘텐츠, 매력적인 장소들이 많은 것이다.

사람을 볼 때 분명 첫인상이 중요하지만 결국은 볼수록 매력적인 사람에게 끌리듯, 도시도 마찬가지다. 도시의 경쟁력은 어딜 가도 볼거리가 있고, 사람과 기업을 끌어들이는 매력적인 동네가 얼마나 많은지에 좌우된다고 생각한다. 아울러 시대에 맞게 그 모습을 바꿀 수 있어야 한다.

그렇게 매력적인 동네나 장소를 만든 명확한 주체는 누구일까? 이 책 《도쿄를 바꾼 빌딩들》은 그에 대한 이야기다. 20년 넘게 도시와 동네를 개발하는 디벨로퍼로서 일해왔고 그중에서도 10년은 도쿄에서 일하면서, 언젠가는 도쿄라는 도시를 주제로 책을 쓰고 싶다고 생각해왔다. 도쿄의 맛집, 여행, 쇼핑, 비즈니스 등을 다룬 책은 많지만 도쿄를 이루는 동네들과 각각의 매력, 그리고 진화까지 다룬 책은 보지 못했기 때문이다.

가장 먼저 지금의 도쿄에서 꼭 가봐야 할 10개의 지역(동네)을 선정하고 그 중심이 되는 빌딩들을 골랐다. 디벨로퍼의 관점에서 빌딩을 언급하긴 했지만, 여기서 빌딩이란 단순한 건물building의 의미가 아니라 사회에 영향력을 미치는 건설적인 빌더builder를 뜻하며, 그만큼 의미 있는 존재감을 지닌 곳들이다.

지역을 선정한 기준은 다음과 같다. 시대의 흐름에 맞게 꾸준히 변화해왔는가? 그 지역 고유의 콘텐츠를 기반으로 성장해왔는가? 사람을 모으고 동네를 바꿀 정도로 파급력 있는 장소나 빌딩이 존재하는가? 그 장소나 빌딩을 만든 명확한 주체가 있는가? 지역의 정체성을 꾸준히 유지하며 주민들과 함께 라이프스타일을 만들어가고 있는가?

이러한 기준으로 도쿄를 들여다보고, 나누고, 묶어보았다. 우선 시대의 변화와 함께한 '제3의 도심' 탄생에 주목했다. 잠재력은 높았지만 주목받지 못했던 도라노몬에서 아자부다이를 거쳐 롯폰기에 이르는 도쿄 중심부가 새로운 도시모델로 어떻게 변화했는지, 그 과정과 파급력을 자세히 들여다보았다. 최근 화제가 되는 힐즈 시리즈의 완성형 '아자부다이 힐즈'와 모리빌딩 이야기도 여기서 다룬다. 다음으로는 에도 시대부터 도심지였던 마루노우치와 니혼바시, 그리고 상업과 브랜드의 중심인 긴자가 역사적 콘텐츠를 기반으로 어떻게 재탄생했는지 살펴보았다. 마지막으로는 오모테산도, 시부야, 후타고타마가와 등 새로운 라이프스타일을 제안하는 개성 있는 동네들의 진화와 현재를 다루었다.

사실 책을 쓰는 입장에서 무엇을 쓸 것인지 정하는 것은 그리 어렵지 않았다. 오히려 누구를 타깃으로 글을 쓸 것인지가 고민스러웠다. 도시개발이라는 나의 업을 고려했을 때, 자칫하면 전문적인 내용 위주로만 흘러갈 수 있기에 누가 읽어도 공감하기 쉽고 도움이 될 만한 내용을 최대한 쉽게 전달하고자 했다. 우선은 나처럼 도시를 바꾸는 일을 하는 사람들이 읽어주었으면 했다. 최근에는 특정 고객에 맞는 공간을 짓고자 하는 기업이나 그 지역에 최적화한 개발을 하려는 디벨로퍼가 많아지고 있다. 다음으로는 도시를 발판으로 기획하는 사람들을 위해 썼다. 가장 현실적인 기획은 도시와 도시를 살아가는 사람들에게서 나온다고 믿는다. 이 책에 나온 곳들을 가보기만 해도 창의적인 기획의 영감을 얻을 수 있을 것이다. 마지막으로 다른 관점으로 도시를 여행하고자 하는 도시여행자들을 위해 썼다. 어쩌면 이 분들이 가장 많이 읽어주었으면 하는 것이 저자로서의 바람이기도 하다. 더 많은 사람들이 도시와 동네개발에 관심을 가질수록, 우리가 사는 도시는 더욱더 살기 좋아질 것이기 때문이다.

책이 나오기까지 많은 분들의 도움을 받았다. 10년 넘게 정리해온 원고를 낼 수 있도록 도와준 북스톤 출판사와 SPI 김정은 대표님, 고병기 편집장님께 감사드린다. 초기부터 이 책에 대한 고민을 함께 나눈 박지은 님과 조정호 님에게도 특별한 감사를 전한다. 마지막까지 남편을 독려하고 조언해준 아내와 기꺼이 첫 번째 독자가 되어준 아들에게 각별한 고마움을 전한다.

도시를 여행하고 알아가는 일은 즐겁지만 도시에 대한 담론이 늘

긍정적인 것만은 아니다. 현재 많은 도시가 극복해야 할 과제를 안고 있다. 집값, 인구, 기후, 교육, 부동산, 도시재생, 도시개발, 환경 등은 절대로 가벼이 넘길 수 없는 문제이며, 이러한 난제들이 얽혀 있는 도시에서 살아가는 것은 결코 녹록지 않다. 그럼에도 우리가 도시에서 살기를 고집하는 이유는 도시는 무한한 잠재력을 지닌 곳이기 때문이다. 도시는 유기체와 같아서 우리가 어떻게 만들어가느냐에 따라 그 가치와 가능성이 달라진다. 아울러 다양한 기회와 배울거리가 존재하는 곳이다. 이 책도 그렇게 쓰이길 희망한다. 도시개발 종사자에게는 자기만의 컨셉과 관점을 만드는 시간이 되기를, 비즈니스를 하는 사람에게는 기획력과 집객력, 운영능력을 키우는 계기가 되기를, 도시여행자에게는 색다른 재미를 선사할 수 있기를 간절히 바란다.

2024년 봄, 박희윤

CONTENTS

PART 2. **역사적 콘텐츠를 기반으로 재탄생한 거리**

PART 3. **라이프스타일을 제안하는 개성 있는 동네**

PART 1

시대의 변화와 함께 탄생한 제3의 도심

미래를 제안하는 도시모델 '힐즈' 시리즈의 완성

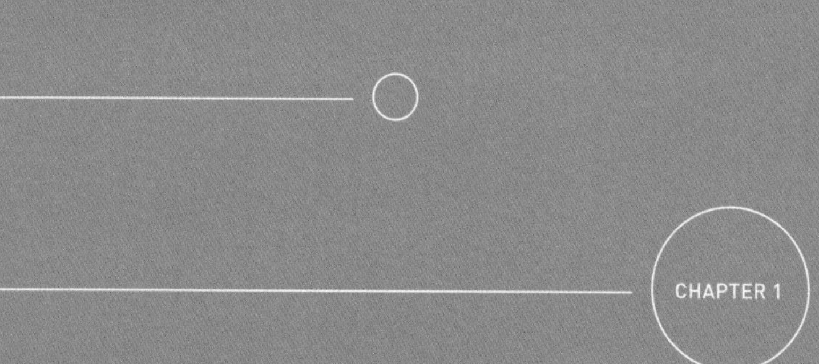

▶아자부다이 힐즈

2023년 가을, 영국 건축가의 작품전시회가 문화역서울284에서 성대하게 열렸다. 우리 시대의 다빈치라 불리는 천재 건축가이자 산업디자이너인 토마스 헤더윅의 전시회였다. 그의 작품을 처음 만난 건 2010년 상하이 엑스포 영국관에서였다. 가느다란 머리카락 같은 6만 개 아크릴봉 끝에 식물 씨앗을 하나씩 담은 후 이를 모아 빛나는 고슴도치 모양으로 만든 '씨앗대성당'은 기발한 테마가 많은 엑스포에서도 군계일학이었다.

이후 2012년 런던올림픽에서는 올림픽 이념과 친환경이라는 주제를 강조하며 장인들이 손수 만든 성화 하나하나가 모여서 큰 성화가 되게 하고, 올림픽이 끝난 후 다시 하나씩 분리해 기념물로 만든 그의 기발함에 다시 한 번 감탄했다. 뉴욕 도시개발의 상징인 허드슨야드 프로젝트의 중앙광장 조형물 '베슬'과 허드슨 강변의 수상공원 '리틀 아일랜드'도 그의 최근 화제작이다.

그가 설계했다는 이유만으로도 찾아가볼 만큼 파급력이 큰 헤더윅이 최근 도쿄에 새로운 작품을 오픈했다. 롯폰기 힐즈에 맞먹는 압도적 규모로, 힐즈 시리즈의 완성이라 불리는 '아자부다이 힐즈'의 저층부 가로변 상업시설과 국제학교가 그의 디자인이다. 헤더윅의 설계답게 물결치는 저층 건물들과 건물 프레임 사이, 그리고 옥상에 푸른 잔디와 나무들이 무성하게 올라온 독특함이 눈길을 사로 잡는다. 그는 어째서 상가와 학교를 이렇게 디자인했을까? 바로 이 건물을 개발한 디벨로퍼 모리빌딩이 제안한 새로운 도시모델과 도시의 미래에 감응했기 때문이다.

여러 정치인이 제시한 공약 가운데 우리나라 국민들의 기억에 가장 강하게 남아 있는 캐치프레이즈가 '저녁이 있는 삶'이라고 한다. 한 신문에서는 수도권 출퇴근에 평균 2.5시간이 걸리고, 이를 해결하고자 만든 2기 신도시가 오히려 상황을 더욱 악화시켰다고 보도하기도 했다. 언론에서는 우리나라 출생률이 0.7명으로 세계 최저라는 내용과 함께, 경제성장률 역시 IMF 외환위기 이후 처음으로 일본보다 낮은 수준이 될 것이라 전한다. 인구와 경제문제 외에도 폭염과 태풍 등의 기후위기가 전 세계 도시와 지구를 괴롭히고 있다.

이런 다양한 문제에 대해 50여 년 전부터 진지하게 고민한 일본 디벨로퍼가 바로 모리빌딩의 창업주 모리 미노루였다. 그는 전 세계를 둘러보고 각계 전문가들과 머리를 맞대고 고민한 끝에 이러한 문제의 기저에는 '도시'가 있음을 간파하고 해결책을 제안했다. 동아시아 고밀도시에 맞는 새로운 도시모델 '버티컬 가든 시티Vertical Garden City(수직 녹원도시)'인 '힐즈'가 그것이다.

그는 노후화되어 안전 문제도 있는 데다 잠재력에 비해 제대로 활용되지 못하는 도심부를 이 새로운 도시모델로 순차적으로 개발, 운영할 것을 제안했다. 구체적으로는 출퇴근 지옥을 벗어나 저녁이 있는 여유로운 삶이 가능해져 아이를 낳고 키울 수 있는 동네, 재해에 강한 안전한 도시 인프라 위에 글로벌 플레이어가 모여들어 생활하고 일하고 자유롭게 교류하는 가운데 미래를 위한 새로운 아이디어와 산업이 태어나는 도시를 꿈꾸었다. 사람과 자본과 기업이 모여들어 도시경쟁력이 높아지면서 국가경제를 다시 살리는 기반으로 '새로운 도시모델'을 제안한 것이다. 모리빌딩은 이 모든 것을 실제로 입증하기 위해 수많은 사업 리스크를 감수하며 '힐즈'를 하나씩 만들어갔다. 첫 도전은 1986년 '아크 힐즈'였고, 점점 진화한 끝에 탄생한 첫 번째 완성형이 2003년 '롯폰기 힐즈'였다.

2023년 모리빌딩은 그동안의 힐즈 시리즈 개발을 통해 쌓은 경험과 역량을 총동원해 미래형 힐즈를 오픈했다. 최초의 힐즈인 아크 힐즈와 인접한 곳에, 그동안 만든 모든 힐즈의 중앙에 위치하여 이들 모두를 이어주는 허브로서 탄생한 '아자부다이 힐즈'가 그것이다. 일본 최고 높이 330m 타워와 롯폰기 힐즈를 능가하는 압도적 규모와 콘텐츠로 오픈 전부터 큰 화제가 되었다.

이곳을 방문한다면, 그 원점인 아크 힐즈도 꼭 함께 둘러보기를 추천한다. 힐즈 진화과정 중 하나인 이즈미가든과 아크 힐즈 센고쿠야

▼낮게 깔린 저층부와 건폐율을 줄임으로써 시원하게 하늘이 열린 아자부다이 힐즈 전경.

마모리타워를 포함해서 말이다. 방대한 규모와 콘텐츠의 아자부다이 힐즈를 제대로 보려면, 도시문제에 대한 오랜 고민 끝에 탄생한 도시모델 '힐즈'와 힐즈들이 만든 도심 라이프스타일인 '힐즈 라이프'를 먼저 이해할 필요가 있다. 뒤에서 자세히 이야기하겠지만, 가능하다면 원점인 아크 힐즈에서 시작해 두 시설을 거쳐 마지막으로 아자부다이 힐즈를 보길 권한다. 그러면 왜 아자부다이 힐즈가 도시의 미래를 이야기하는 '미래형 힐즈'로 불리는지 실감할 수 있을 것이다.

아크 힐즈, 새로운 24시간 복합도시모델의 탄생

1986년에 완성한 '아크 힐즈'는 최초의 '힐즈'로서 모리빌딩에 큰 전환점이 되어주었다. 민간에 의한 일본 최초의 대규모 재개발사업인 이 프로젝트는 그 규모에서도, 직職-주住-락樂의 복합개발이라는 점에서도 국내 최초였다. 사업방식도 상품도 모든 것이 처음인 터라 완성까지 19년이라는 긴 시간이 걸렸지만, 그 후 이어지는 일본 도시개발 및 재개발사업의 새로운 모델이 되었다. 아카사카Akasaka와 롯폰기Roppongi의 결절점Knot에 피어난 아크ARK 힐즈 프로젝트는 직-주-락이 함께하는 새로운 도심형 라이프스타일을 탄생시켰다.

아크 힐즈를 이해하려면 먼저 도쿄의 도시화과정과 특징을 살펴봐야 한다. 1960년대 고도경제 성장기에 도쿄는 빠르게 외곽으로 확장해갔다. 미국식 라이프스타일을 동경하며 자란 도쿄의 새로운 중산층은 교외 단독주택과 자동차를 갖는 것이 꿈이었다. 이에 부응하듯 민간 철도계 디벨로퍼들과 정부에 의해 교외형 뉴타운과 주택단지들이 수도권 전 방향으로, 그것도 대규모로 개발되었다. 영국의 개혁적 사상가였던 에벤에제 하워드가 주창한 '전원도시론'과 미국 교외를 모델로 삼았기에, 하나같이 단독주택이나 빌라 또는 저층 아파트에 의한 저밀도 개발이었다. 문제는 기나긴 통근거리였다. 집은 쾌적할지 몰라도 직장은 모두 도심에 있었기에 '지옥철'이라 불리는 전철에 귀중한 시간과 체력을 빼앗기는 불편한 도시구조로 도쿄는 변화하고 있었다.

여기에 더해 당시 오피스임대업을 중심으로 하던 모리빌딩의 주요 테넌트도 바뀌고 있었다. 단순 제조업에서 금융업과 정보산업 등으로 테넌트가 달라짐에 따라 건물에 요구되는 기술적 수준이 점점 높아졌다. 모리 미노루는 지금까지 해온 것처럼 단순한 오피스빌딩을 개발해서는 사업적으로나 사회적으로 근원적인 문제를 해결할 수 없다고 생각하여 새로운 도시모델을 연구하기 시작했다.

이 과정의 초기에 그는 르코르뷔지에의 '빛나는 도시'이론에 큰 영향을 받았다. 잘 알려졌다시피 르코르뷔지에는 합리성을 기반으로 한 모더니즘 건축을 제창하며 기존과 완전히 다른 스타일을 만들어낸 근대 건축의 거장이다. 그는 19세기 이후의 인구폭발과 산업구조의 전환으로 열악한 환경에 시달리던 도시주민들에게 '빛나는 도시'로의 재생을 제안했다. 그가 그린 이상적인 도시상은 건폐율을 줄인 초고층 건축으로 도시 과밀문제를 해소하고, 비워진 저층부는 시민들을 위한 광장 및 공원과 녹지로 제공하는 수직 도시였다. 모리 미노루는 여기서 아이디어를 얻어 새로운 도시모델로 '수직 녹원도시'를 제안했다. 대신 르코르뷔지에 시대에는 없었던 다양한 건축기술, 환경기술, 정보통신기술을 기반으로 한층 진화한 도시에 도전했다. 또한 르코르뷔지에 모델은 저층부가 덜 활기차다는 문제가 있었기에, 새로운 모델에서는 저층부에 다채로운 상업기능을 도입하여 상부의 녹지와 어우러지는 활기차고 인간미 넘치는 동네를 만들고자 했다.

우리는 흔히 파리와 프라하 같은 유럽의 저층도시들을 보며 아름답다고 느낀다. 우리가 동경하는 도시 풍경 중 하나다. 하지만 모리 미노루는 아시아권의 특징인 높은 인구밀도를 적절히 수용하려면 다른 모델이 필요하다고 역설하며, 직접 그 모델을 구현하고자 했다. 아시아 국가의 고밀도 인구와 이를 수용하는 치밀한 시스템, 자

▲ 모리빌딩 힐즈 시리즈의 첫 번째, 아크 힐즈의 전경.

연과 공생하는 사상이야말로 고밀도의 환경 공생도시를 만드는 토양이 되리라 본 것이다. 나아가 점점 고밀화하는 미래의 전 세계 도시에 유효한 모델이 되리라 생각했다.

아크 힐즈는 이에 도전한 모리빌딩의 첫 실험이자 첫 모델이다. 우선 오래된 건물로 꽉 차버린 시가지를 큰 블록으로 바꾸고, 도시 안에 소자연을 되살리는 동시에 새로운 시대에 적합한 기능으로 채웠다. 물론 반대의견도 있었지만 36년의 세월이 흐른 지금, 아크 힐즈는 꽤 유효한 모델이었음이 입증되고 있다. 아크 힐즈를 방문해보면 고밀도 초고층 도시이지만, 부지를 둘러싼 울창한 벚나무 가로수길과 옥상정원 덕분에 상공에서 보면 초록의 언덕이 펼쳐진다.

일본 최초 직주근접을 시도한 24시간 복합도시 모델은 시대변화에 맞추어 끊임없이 새로운 사람과 기업을 받아들이고 교류시켜 새로운 가치를 만들어내고 있다. 아크 힐즈에서 시도한 새로운 '아시아형 도시 만들기'는 그 후 롯폰기 힐즈나 도라노몬 힐즈 등의 '힐즈 시리즈'로 진화했다. 또한 인접한 부지를 연쇄적으로 아크 힐즈 브랜드로 재개발하여 일체감 있는 동네로 확장시켰다. 2023년에는 아크 힐즈와 이어지는 아자부다이에 롯폰기 힐즈 급의 '아자부다이 힐즈'가 35년의 개발 끝에 완성되었다. 원점인 아크 힐즈를 시작으로 그들이 꿈꾸는 도심모델 '힐즈'와 이를 통해 보여준 새로운 도심 라이프스타일 '힐즈 라이프'의 특징을 좀 더 들여다보자.

하늘에는 희망을, 땅위에는 자연을, 땅 밑에는 기쁨을

모리빌딩은 롯폰기 힐즈, 아자부다이 힐즈 등 복합개발 사업지에 브랜드명 '힐즈Hills'를 붙였다. 사업대상지가 주로 구릉지대에 있어서 이런 이름을 붙였다고 짐작하는 분들이 많은데, 여기에는 또 다른 의미가 있다. 모리빌딩은 기존 땅이 가진 잠재력을 최대한 활용하여 인공적인 언덕도시를 만들겠다는 의도로 평탄한 땅에도 '힐즈'를 붙였다. 구릉지대인 비버리힐즈처럼 고품격 이미지를 주겠다는 의도와, 땅을 입체적으로 활용하여 상품성과 사업성을 높이려는 의도가 동시에 반영된 것이다.

물론 첫 번째 작품인 아크 힐즈는 실제로도 고저차가 있다. 대규모 재개발사업인 만큼 전체 지역이 평탄하지는 않았던 것. 또한 사업부지는 상이한 두 동네를 품고 있었는데, 아래 간선도로변의 서민동네와 언덕 위 부자동네는 최대 20m라는 고저차가 있었다. 개발이라는 관점에서 보면 난이도가 높지만, 모리빌딩은 첫 도전부터 이를 장점으로 승화시켜 이후 힐즈 시리즈에서 계속 발전시켰다.

복합개발은 말 그대로 다양한 용도가 모여 시너지 효과를 내는 사업모델이다. 하지만 다양한 용도가 뒤섞이다 보니 잘못 계획하면 그 역효과로 서로 상품가치를 갉아먹는 잡거雜居빌딩이 될 우려도 있다. 저층부에 일관성 없는 상가가 들어오는 바람에 아파트 가치가 떨어지는 주상복합 아파트를 떠올리면 이해하기 쉬울 것이다. 상가와 주택뿐 아니라 오피스와 호텔에 문화시설까지 들어서는 다용도 복합개발은 각 상품이 모두 각자의 존재감과 편의성을 유지하면서 전체적으로 조화로워야 시너지 효과를 기대할 수 있다. 그런 면에서 고저차가 있는 대지는 잘만 활용한다면 평탄한 대지보다 각자의 상품성을 끌어올리기에는 더 유리하다. 모리빌딩은 이 고저차는 물론, 더 나아가 지하까지 적극적으로 활용하는 새로운 복합개발에 도전했다.

모리 미노루가 한국 도시계획제도에서 가장 부러워한 것 중 하나가 지하는 용적률 산입대상이 아니라는 점이다. 일본은 지하 건축물도 용적률 대상이기 때문에 디벨로퍼는 공사비도 훨씬 높은 지하층을 굳이 지으려 하지 않는다. 하지만 모리빌딩은 그들이 꿈꾸는 새로운 도시개발 모델을 실현하기 위해 지하를 적극 활용했다. '복합도시'라는 컨셉하에 새로운 동네 만들기를 시도한 만큼 아크 힐즈에는 오피스와 주거, 상업시설 외에도 좋은 동네가 되기 위한 전략적 시설이 지하에 들어왔다. 문화시설인 클래식 전용홀과 교류거점이자 품격을 높이는 특급호텔, 새로운 정보를 발신하는 방송 스튜디오 등이다. 넣고 싶어도 쉽게 넣을 수 없는 유명 브랜드 집객시설이 함께한 덕분에 복합효과는 더욱더 커졌다.

도쿄에는 클래식 공연 지휘자와 연주자들이 꼭 서고 싶어 하는 콘서트홀들이 있는데, 그중 최고로 평가받는 곳이 아크 힐즈에 위치한 '산토리홀'이다. 지금의 산토리홀은 원래 교회 재건축이 예정되어 있던 곳이다. 재개발에서 종교시설은 늘 까다로운 존재다. 사업 초기에는 재개발에 찬성했던 조합원 '레이넨자카 교회'가 토지 공유화에 부담을 느껴 지구 밖 인접부지로 이전 재건축을 결정하자 남측의 큰 부지가 비게 되었다. 때마침 주류와 음료산업으로 크게 성장한 산토리그룹이 브랜드 전략과 사회공헌의 일환으로 세계적 수준의 클래식 전용홀을 짓고 싶어 했다. 산토리는 모리빌딩이 꿈꾸는 아크 힐즈의 컨셉을 높게 평가하여 비어 있는 교회부지에 콘서트홀을 짓기로 결정했다.

산토리가 계획한 콘서트홀은 국제적 수준의 2000석 규모를 자랑하는 꽤 거대한 건축물이었다. 모리빌딩은 언덕이라는 경사지형을 활용해 건축물의 반 정도를 지하로 파묻히게 하여 거대 건물이 주는 위압감을 누그러뜨렸다. '수직 녹원도시'라는 구상에 따라 산토리홀 옥상 전체를 녹화綠化하면서 입구는 중앙광장 쪽을 접하게 했다. 이로써 아크 힐즈는 동네 한가운데에 상징적인 문화시설을 품은 숲속 복합문화도시가 되었다. 콘서트홀은 베를린 필하모니의 세계적 지휘자 카라얀의 조언으로 객석은 바인야드Vine Yard 형식[1]에 최고 수준의 음향시설과 파이프 오르간을 설치했다. 이후 도쿄 오페라시티홀 등 탁월한 공연장들이 도쿄에 들어섰지만, 산토리홀은 지금도 일본 최고의 클래식 공연장으로 많은 사랑을 받고 있다.

중앙광장 지하에 들어온 또 다른 전략시설은 'TV아사히 방송 스튜디오'다. 원래 중앙광장 주변과 광장의 지하는 대규모 상업시설로 계획했지만 입지상 어려울 것으로 판단해, 과감하게 광장 한쪽과 지하를 방송 스튜디오로 변경했다.

생각해보면 콘서트홀과 스튜디오는 태양광이 필요 없다. 오히려 이들 시설은 빛과 소리를 차단해야 하므로 대공간을 확보할 수 있는 지하나 인공지반 아래가 더 적합할 수 있다. 모리빌딩은 아크 힐즈에서의 경험을 살려 롯폰기 힐즈에는 지하에 자체 발전소를 넣어 글로벌 IT, IB기업이 요구하는 전원공급 안정성을 확보했다. 오모테산도 힐즈에서는 지역의 상징인 가로수길 경관을 보존하기 위해, 상업시

1 포도밭처럼 생긴 무대를 중앙에 두고 객석이 원형으로 감싸안는 형태. 음향효과와 일체감, 몰입감에 탁월하다고 평가받는다.

설 면적의 절반가량을 지하에 두고 기존 가로와 이어지는 경사길을 내 지하 같지 않은 지하공간을 만들었다. 도라노몬 힐즈에서는 한발 더 나아가 도시계획 도로와 전철역과 역전광장 자체를 지하에 함께 품는 대담한 계획으로까지 발전했다.

힐즈의 미래형 아자부다이 힐즈에서도 다양한 전략시설을 지하에 품고 있다. 미디어아트 미술관 '엡손 팀랩 보더리스'와 갤러리, 그리고 거대한 식품관이 헤더윅 디자인의 가로변 상업시설 지하에 들어와 있다.

이처럼 모리빌딩은 '하늘에는 희망을, 땅위에는 초록을, 땅 밑에는 기쁨을'이라는 수직 녹원도시의 컨셉을 세우고, 고저차가 있는 지형과 지하를 최대한 활용해 새로운 공간을 탄생시켰다. 낮은 건폐율로 어디서든 하늘이 시원하게 보이는 타워에는 조망을 활용한 오피스와 호텔, 주거와 문화시설로 삭막한 도시의 삶에 새로운 희망을 부여했다. 땅위의 건물 상부는 식물들로 녹화하여 자연을 되살렸다. 보통 지하주차장 정도가 들어오던 지하에는 다채로운 문화시설과 상업시설로 기쁨을 선사했다.

그린을 중심으로 매력적인 동네를 개발하다

코로나를 계기로 도시와 자연과의 관계가 더욱더 주목받고 있다. 모리빌딩이 힐즈를 매력적인 동네로 만들기 위해 가장 힘을 쏟은 것이 녹화였다. 흔히 도시를 '콘크리트 정글'이라 부르며 대부분의 사람들이 '개발=자연 파괴'로 인식하곤 한다. 모리빌딩도 아크 힐즈를 개발하는 초기에 매미를 돌려놓으라는 주민들의 강한 항의를 받기도 했다. 이 반대를 극복하고자 모리빌딩은 수직 녹원도시에 대한 본격적인 도전을 시작했다. 모리빌딩은 도시에 자연을 돌려주는 재개발도 있음을 입증하고자 했다. 하지만 자연은 건물처럼 금방 가시화할 수 있는 게 아니어서 절대적인 시간이 필요하다. 1986년 준공돼 37년이 지난 지금, 아크 힐즈는 마치 녹색의 작은 섬 같은 모습으로 국내외에서 수많은 환경상을 받았다. 4월에는 도쿄의 유명 벚꽃놀이 거점으로 쓰이고, 잘 가꾸어진 산토리홀 옥상은 지역주민이 참여하는 '가드닝클럽'의 무대가 되었다. 그리고 한여름에 아크 힐즈에 가면 다시 우렁찬 매미 울음소리를 들을 수 있다.

아자부다이 힐즈는 모리빌딩이 오랫동안 갈고닦은 수직 녹원도시 모델의 미래형으로, 그동안 세운 녹지계획의 집대성에서 한발 더 나아간 것이다. 아자부다이 힐즈의 컨셉은 자연에 둘러싸여 사람과 사람을 이어주는 광장 같은 동네다. 압도적인 녹음으로 둘러쌈으로써 도시와 자연이 조화를 이룬 환경을 실현하기 위해, 기존의 힐즈가 그랬듯이 세분화된 작은 필지를 정리하여 큰 부지를 만들었다. 사람들이 모이고 흩어지는 장소로 중앙에 광장을 배치하고, 이곳과 주변을 이어주는 원활한 랜드스케이프를 계획했다. 이는 건물을 먼저 배치한 뒤 남은 공간을 녹지로 조성하는 기존의 도시개발과는 정반대의 접근이다. 고저차가 있는 지형을 살려 저층부 건물 옥상을 포함한 부지 전체를 녹화한 결과, 도심의 기존 시가지이면서 약 6000m^2(1820평)에 달하는 중앙광장을 포함해 약 2만 4000m^2(7260평)에 이르는 방대한 녹지를 확보할 수 있었다.

초록을 중심에 둔 개발이 무엇인지를 실감하고 싶다면 아자부다이 힐즈의 중앙광장에 서보자. 중앙광장은 헤더윅이 디자인한 특이한 언덕 형태의 건물들과 무성한 수목으로 둘러싸여 있다. 동네 전체의 활기를 창출하는 휴식공간이자 사람과 사람을 연결하는 이곳의 중심은 초록으로 둘러싸인 이벤트 광장 '아자부다이 힐즈 아레나'다. 주변 건물과 함께 헤더윅이 디자인한 거대한 지붕 구조물 '더 클라우드The Cloud'는 야외 이벤트 공간이라는 필수기능 외에 예술성을 갖춘 퍼블릭 아트로도 자리잡아 중앙광장의 아이콘 역할을 하고 있다.

▲아자부다이 힐즈 아레나와 더 클라우드.

모리빌딩은 힐즈 시리즈 복합개발에서 '동네'를 만들고자 다양한 타운광장을 중심에 조성해왔다. 아크 힐즈 때에는 산토리홀과 오피스타워 사이에 카라얀 광장을 만들었고, 롯폰기 힐즈에서는 아사히 방송국 및 모리가든과 연계한 드넓은 광장과 가변형 지붕을 만들어 지역활성화를 위한 타운 매니지먼트 활동의 무대로 삼았다. 그런데 광장을 크게 만드니 장점도 많았지만 이벤트가 없을 때면 왠지 썰렁해 보이는 단점도 있었다. 그래서 도라노몬 힐즈에서는 타운광장의 상당 부분을 잔디광장으로 조성해 이벤트가 없을 때에는 공원으로 쓰이게 했다. 아자부다이 힐즈에서는 좀 더 진화하여 잔디광장뿐 아니라 숲과 팝업카페까지 함께 만들어 다양한 연출이 가능하게끔 했다. 헤더윅 디자인의 구조물을 동네의 아이콘으로 삼으면서.

옥상정원에서 옥상 논으로, 그리고 옥상 과수원으로, 사람을 이어주는 그린

아자부다이 힐즈 중앙광장에서 옆 건물의 경사면 녹지를 보면 독특한 나무들을 볼 수 있다. 약 $200m^2$ 넓이의 이곳 옥상 과수원에는 귤과 블루베리, 사과, 복숭아 등 11종의 과일나무가 자라고 있다. 모리빌딩은 사람들이 실제로 과일을 수확하도록 하여 체험이나 커뮤니케이션의 장소로도 과수원을 키워갈 예정이다. 그뿐이 아니다. 과일나무 아래에는 허브나 식용식물을 심어 오감으로 즐길 수 있는 장소를 만들었다. 각 건물 테라스와 옥상정원에는 채소밭을 마련하고 상업점포 등 동네의 각 시설과 연계한 프로그램도 운영할 예정이다. 도심에 자연을 되돌리고 녹지를 넓혀가는 것 이상으로 모리빌딩이 주력하는 것이 '사람과 깊이 관계 맺는 그린'이며, 과수원과 텃밭은 그 일환이다.

'사람과 깊이 관계 맺는 그린'이라는 개념은 아크 힐즈의 '힐즈 가드닝클럽'에서 시작되었다. 클럽에서는 일반적인 활동 외에도 가든투어와 가든파티, 피크닉, 크리스마스 파티 등의 행사를 열어 회원들의 교류를 유도한다. 롯폰기 힐즈에서는 옥상정원에서 한발 더 나아가 옥상에 논을 만들어 '주변 지역민과 이어지는 그린'으로 개념을 확장했다. 롯폰기 힐즈를 안내할 때 영화관 위 옥상에 논이 있다고 하면 다들 놀라워한다.

재개발사업은 여러 면에서 비판받지만 특히 기존 지역 커뮤니티를 붕괴시킨다는 공격을 많이 받는다. 그러나 모리빌딩은 재개발이 오히려 활기찬 커뮤니티를 탄생시키는 계기가 될 수 있음을 롯폰기 힐즈의 옥상 논을 예로 들어 설명한다. 이곳에서는 매년 봄이 되면 기존 동네 아이들과 새롭게 들어온 오피스 및 상업 테넌트에서 일하는 사람의 자녀들, 주변 외국인 자녀들을 불러모아 함께 모내기를 한다. 가을에는 한 번 더 모여 벼 베기를 한다. 어린이들은 두세 번 같이 놀면 친구가 된다. 아이들이 친구가 되면서 같이 온 부모들도 자연스럽게 안면을 트고 인사를 나눈다. 한 동네에 대대로 모여 살면서 만들어진 끈끈한 커뮤니티도 좋지만, 새로운 사람들이 합류하지 않는다면 그 커뮤니티는 '고인물'이 되기 쉽다. 모리빌딩은 작은 도심 옥상에서 짓는 논농사를 통해 새로운 관계를 만들 계기를 만들고 그것이 지속될 수 있도록 계속 유도하고 있다. 아자부다이 힐즈 과수원은 옥상정원과 논농사의 경험을 더욱 발전시킨 개념이다. 이곳의 과수원과 텃밭에서는 커뮤니티뿐 아니라 단지 내 상점들과 연계한 활동도 적극적으로 펼쳐나갈 예정이다. 자연이 사람과 동네를 키우고 성숙하게 만든다는 사실을 잘 알기 때문이다.

Intelligent Thinker가 모여서 만드는 Global Neighborhood

아자부다이 힐즈에는 헤더윅이 디자인한 상업시설 말고도 독특한 건물이 또 하나 있다. 높이 330m에 달하는 모리JP타워 옆에 위치한 낮은 건물, 국제학교 '브리티시 스쿨 인 도쿄'가 그것이다.

롯폰기 힐즈가 화려한 '밤의 동네'에서 '문화도심'을 표방하며 새로운 기업과 사람을 불러모으기 위해 전략적으로 만든 시설이 모리타워 꼭대기의 모리미술관과 아카데미힐즈다. 그럼 아자부다이 힐즈의 전략시설은 무엇일까? 모리미술관 같은 지하 미술관과 갤러리, 아만호텔 등을 들 수도 있겠지만, 나는 국제학교와 게이오대학 예방의료센터야말로 전략시설이라 생각한다.

롯폰기 힐즈가 들어온 롯폰기 지역도 거대한 복합개발을 하기 쉽지 않았으나, 아자부다이야말로 한층 어려운 입지였다. 롯폰기는 밤의 동네 이미지가 강하긴 했어도 외국인 번화가가 있었고, 전철도 2개 노선이 지나고 있었다. 반면 아자부다이는 아크 힐즈와 인접하긴 했지만 전철역과 거리도 멀고, 낙후된 언덕 위에 위치한 한적한 주택가였다. 이러한 입지적 제약을 극복하기 위해 압도적 규모와 상품 수준으로 임팩트를 주어야 했다. 먼저 일본 최고 높이 오피스타워와 함께 최고급 아만 브랜드의 하이엔드 레지던스와 호텔을 유치하고, 풍성한 자연과 감도 높은 일상을 즐길 수 있는 명품숍과 대형 푸드마켓을 포함한 다채로운 상업시설을 기획했다. 그러나 이것만으로 충분치 않았다. 도쿄 도심인 마루노우치와 니혼바시, 인접한 시부야 지역에도 거대한 오피스빌딩이 속속 들어서고 있었다. 자칫하면 엄청난 공실을 떠안아 회사가 망할 수도 있는 위기상황에서 아자부다이 힐즈는 계획되었다.

모리빌딩은 롯폰기 힐즈 이후 어떤 지역을 개발할 때 그 지역을 면밀하게 파악한 후, 이를 바탕으로 지역 특성에 맞는 미래상을 먼저 그리는 프로세스를 정립했다. 그리고 미래상을 완성하기 위해 개별 도시개발은 무엇을 목표로 할지, 참여자들은 어떤 자세를 가져야 할지를 종합적으로 정리한 컨셉북을 함께 작업한다. 빌딩 하나를 개발할 때와 달리 지역 전체의 진화는 장기간에 걸쳐서 진행되기에, 많은 관계자들이 비전을 공유하고 실천하기 위한 '기준점'이 필요하기 때문이다.

아크 힐즈와 아자부다이 힐즈 지역개발을 위한 새로운 컨셉북은 모리빌딩의 회사 로고 등 여러 작업을 맡아온 브랜딩의 세계적 거장 하라 켄야와 함께했다. 모리빌딩과 하라 켄야는 시대변화와 도시의 역할, 도쿄의 역할에 대해 먼저 정의했다. 이어서 새로운 시대에 맞는 새로운 리더의 모습을 정의하고, 그들이 모여서 만드는 아크 힐즈와 아자부다이 힐즈 에리어의 미래비전과 모습을 제안했다. 그 내용을 잠시 살펴보자.

모리빌딩은 최초의 인텔리전트 빌딩이 탄생한 아크 힐즈 에리어를 '지적 사색자Intelligent Thinker'가 모이는 도시를 목표로 새롭게 진화시키려 합니다. 글로벌한 지적 사색자들이 서로 만나고 공감하여 시너지 효과를 내고 새로운 시대의 비즈니스와 라이프스타일을 창조, 발신해가는 선순환을 만들고자 합니다. 도쿄 내에서 독자적인 글로벌 커뮤니티를 만들어 도쿄와 일본의 미래, 그리고 세계의 미래에 공헌하는 지역이 되고자 합니다.

아자부다이 힐즈를 포함한 모리빌딩의 개발지역은 도쿄의 중심부 미나토구에 위치해 있다. 이 지역은 외국계 기업과 대사관이 가장 많이 모여 있어 국제색이 풍부하고 외국인 거주자도 압도적으로 많다. 즉 모리빌딩이 새로운 힐즈를 만들고 채우기 위해 잡은 전략적 타깃은 세계적 기업에 근무하는 글로벌 플레이어와 그들의 가족이었다. 혼자 부임하는 외국 비즈니스맨이 아닌 외국인 가족이 오게 하려면 좋은 오피스와 문화 및 상업시설만으로는 부족하다. 세계 수준의 글로벌 IT, IB기업을 유치하기 위해 모리미술관과 지하발전소가 필요했다면, 글로벌 플레이어와 그 가족들을 사로잡기 위해 아자부다이 힐즈에는 의료시설과 국제학교가 필요했다.

복합개발이 품은 도쿄 도심 최대의 국제학교, 브리티시 스쿨 인 도쿄

외국 국적 비즈니스맨과 그 가족을 지원하는 생활환경 중에서 가장 필수적인 것이 교육이다. 교육열로 유명한 우리나라도 과거에 강남을 개발하면서 강북 부유층 이주를 유도하기 위해 강북의 유명 고등학교를 반강제로 이전시킨 바 있다. 모리빌딩 역시 글로벌 부유층을 잡기 위해 도쿄의 유명 국제학교를 이전 유치하여 복합개발 안에 품었다. 도쿄 도심부의 국제학교 수는 다른 아시아 주요 도시와 비교하면 적은 편이다. 아자부다이 힐즈에는 도심 내 최대 학생수를 자랑하는 유명 국제학교 '브리티시 스쿨 인 도쿄'가 2023년 이전 재개교했다. 도심이지만 아이들이 풍부한 자연을 누리며 느긋하게 배울 수 있는 환경을 만들고자 했던 학교와 모리빌딩의 비전이 맞아떨어진 결과다. 첫 개교 이래 34년간 영국식 교육 커리큘럼을 제공해온 이곳은 60개국 이상의 학생들이 다닐 정도로 높은 인기를 구가했으며, 아자부다이 힐즈 캠퍼스에는 유아 및 초등 교육과정을 합쳐 약 740명이 다닐 예정이다. 헤더윅이 설계한 트리하우스를 모티브로 한 학교 건물은 도서관 2곳, 아트 스튜디오, 음악실 2곳, STEM(과학, 기술, 공학, 수학) 학습을 위한 디지털 기술 스튜디오 등이 마련되어 있다.

또한 스포츠 시설로서 2개의 마당과 체육관, 실내 수영장, 댄스 스튜디오를 설치해 세계 최고 수준을 자랑한다. 인근에는 오피스빌딩과 다양한 상점, 레스토랑, 호텔, 미술관, 병원 등 주거지역의 인프라가 함께한다. 생활하고, 일하고, 만나고, 쉬고, 배우고, 즐기고, 노는 것까지 사람들의 다양한 일상을 바로 옆에서 체험할 수 있는 것도 장점이다. '동네가 아이를 키운다'는 일본의 전통을 오늘날 도심에서도 이어가자는 포부로도 볼 수 있다.

한국의 도시개발과 도시계획에서 가장 풀기 어려운 시설 중 하나가 바로 교육이다. 큰 운동장을 품은 학교들은 도시에서 보기 힘든 귀한 부지이지만, 정부 각 부처간의 이해관계로 적절히 활용되지 못하는 측면이 있다. 물론 학교라는 시설의 특성상 우선순위와 제약이 많은 것은 이해하지만, 새로운 직주근접을 실현하는 차원에서 도심의 학교부지는 좀 더 적극적인 활용방안을 고민했으면 한다. 아자부다이 힐즈는 글로벌기업 및 플레이어를 적극적으로 유치하기 위해 국제학교를 복합개발에 품은 사례이므로, 향후 비슷한 비전으로 진행 중인 여의도와 용산국제업무지구 계획에도 좋은 참고자료가 되었으면 한다.

모리빌딩은 중앙부 아자부다이 힐즈와 서측 롯폰기 힐즈, 그리고 동측 도라노몬 힐즈를 중심으로 한 '제3의 글로벌 도심'을 기반으로 주변의 재개발을 가속화할 예정이다. 이런 연쇄적 개발을 거치며 글로벌 신도심에 적합한 기업 및 시설과 상점도 계속 증가하여 지역 전체의 가치가 올라가는 선순환을 꿈꾸고 있다. 새로운 힐즈의 각 시설들이 최고의 성과를 발휘하고 다채로운 시설 및 기능, 파트너들과 제대로 연결된다면 '새로운 삶을 창출하는 동네'로서의 효과도 극대화할 수 있을 것이다. 나아가 모리빌딩은 다양한 '힐즈'를 비즈니스와 녹지, 문화, 그리고 인프라와도 연결하여, 자신의 전략지역 일대를 세계를 끌어들이는 도쿄의 구심점으로 만들 계획이다. 모리빌딩이 그리는 글로벌 신도심 시나리오는 도쿄의 도시전략이자 일본의 성장전략인 셈이다. 한 명의 도전자가 품었던 큰 꿈이 2023년, 드디어 그 전모를 드러냈다.

우리 몸에 맞는 새로운 도시모델을 찾아야 하는 시대

아자부다이 힐즈는 그 기대만큼이나 오픈 이후 연일 화제에 올랐다. JP모리타워 최상층부의 펜트하우스가 200억엔이라는 놀라운 가격에 팔린 것은 일본 내에서도 큰 이슈였다. 방문객들은 헤드윅의 물결치는 저층부 상업시설과 클라우드라 불리는 이벤트광장 캐노피에

▲아자부다이 힐즈를 비롯한 힐즈 시리즈로 새롭게 탄생하고 진화하는 제3의 도심.

놀라고, 지하에 새롭게 들어선 팀랩 보더리스 미술관에 감동한다. 하지만 이 사업의 냉정한 평가를 위해서는 화려한 건축과 상품뿐 아니라, 이 사업이 어떤 비전을 품고 계획되었으며 어떤 과정을 거쳐 이런 모습으로 완성되었는지를 더 찬찬히 살펴봐야 한다. 이를 알기 위해 다시 원점인 아크 힐즈로 가보자.

봄이 되면 일본 전역에는 화려한 벚꽃이 만발한다. 벚꽃은 일본의 국화라 도쿄에도 벚꽃의 명소가 많다. 그중 한국에는 잘 알려지지 않은 명소 중 하나가 아크 힐즈다. 이 책의 첫 번째 챕터에서 화려한 아자부다이 힐즈만이 아니라 조금은 오래된 아크 힐즈도 다룬 데에는 그만한 이유가 있다. 아크 힐즈는 일본 최초의 재개발사업이라 주민들의 반대가 거셌다. 그 바람에 사원들이 직접 동네를 청소하고 과외선생이 되어가면서 동의를 구하느라 무려 19년이라는 시간이 걸렸다. 그 결과 직주근접, 문화발신, 도시와 자연의 공생 등을 구현한 새로운 도시모델 힐즈 시리즈의 최초인 아크 힐즈가 성공했고, 이로 인해 도시와 주거에 대한 일본인들의 인식이 달라지면서 일본 도시개발의 방향도 바뀌기 시작했다. 이에 그치지 않고 아크 힐즈는 높은 비전 속에 세워진 사업 컨셉을 운영단계까지 일관되게 유지했다. 그럼으로써 성공한 도시개발이 사업자뿐 아니라 지역과 도시에 어떤 영향을 끼치는지 오픈 후 37년간 계속해서 보여주고 있다.

그런데 실제 아크 힐즈를 방문해보면 조금은 실망할지도 모르겠다. 만드는 과정에 엄청난 노력을 기울였으나 첫 작품이다 보니 아쉬운 부분이 많은 것도 사실이다. 중앙 카라얀 광장에서 보면 기존 언덕지형을 활용하며 산토리홀과 방송 스튜디오를 안정감 있게 품었지만, 어쩔 수 없이 건물들의 단차가 발생해 인위적으로 보인다. 아크 힐즈가 자랑하는 그린은 모두 건물의 옥상에 위치하여 접근이 쉽지 않다. 광장 주변의 카페와 레스토랑은 점심시간과 이벤트가 있는 때를 제외하면 아주 활기차다고 말하긴 어렵다. 집은 세 채를 지어봐야 제대로 짓는다는 말이 있듯이, 도시개발도 경험상 그러한 듯하다. 많은 의미를 내포한 첫 건물 아크 힐즈를 보고 난 후에는, 스미토모 그룹과 공동개발한 두 번째 복합개발인 이즈미가든을 보면서 이들이 어떻게 진화해갔는지 확인하길 바란다.

카라얀 광장에서 롯폰기잇초메역 표지판을 따라가면 수평으로 이어지는 새로 만들어진 보행교가 나오고, 아크 힐즈 사우스타워를 지나면 초록색의 거대한 이즈미가든타워와 선큰 광장을 만난다. 선큰 광장 덕에 지하임에도 햇빛이 쏟아지는 롯폰기잇초메 역 개찰구를 나오면, 위쪽 아자부다이 언덕동네를 이어주는 몇 겹의 계단식 에스컬레이터와 자연을 바로 접하는 테라스 공간이 나온다. 옥상에 위치했던 자연이 좀 더 보행자 레벨로 내려와 한결 친숙하고 편안한 느낌이다. 언덕을 올라가면 넓은 공원과 함께 스미토모 집안의 소장품으로 만든 센오쿠미술관이 품격을 더한다. 이즈미가든은 아크 힐즈보다 15년 후에 오픈해 좀 더 진화한 모습이긴 하나, 여전히 동네라기보다는 잘 만든 오피스타워와 세련된 공원으로 보인다. 이 둘의 완성도를 확인하고 언덕길 위에 위치한 아크 힐즈 센고쿠야마모리타워(2012)와 아자부다이 힐즈를 마지막으로 살펴보자.

주민동의 등을 구하느라 사업기간이 길어져 가능한 지역부터 선행 개발하다 보니 아크 힐즈라는 이름이 붙긴 했지만, 센고쿠야마타워는 원래 아자부다이 힐즈와 한 사업지였다. 옥상정원에서 계단식 정원으로 진화해온 그린은 센고쿠야마타워에서는 생물다양성 존중 차원에서 한 번 더 진화했다. 외래종이 아닌 이 지역의 나무들을 심고 생태연못 등을 만들며 인위적인 개발이지만 기존의 자연을 되돌리고자 했다. 상품에서도 주거와 업무가 분리되지 않고 하나의 건물에 함께하는 모델로 발전했다.

이러한 진화의 과정을 거쳐 탄생한 것이 아자부다이 힐즈다. 지붕에 자연을 품으며 물결치는 저층 건물들은 주변 지형 및 지역과 조화를 이루면서도 시대를 선도하는 동네를 만들겠다는 디벨로퍼의 의지와 경험이 이 시대 최고의 천재를 만나 탄생한 것이다. 아자부다이 힐즈 중심거리에 심은 벚꽃도 한순간 피었다 사라지는 게 아니라, 개화시기가 다른 벚꽃들로 심어 2월부터 5월까지 계속 피고 진다. 하드웨어뿐 아니라 상품에서도 기존 업무와 주거와 상업이 단순 결합한 복합개발에 음악홀과 호텔 등을 넣는 진화과정을 거쳐 학교와 병원까지 품으며 도심에서의 새로운 생활상을 제시하는 모델로 발전했다. 아자부다이 힐즈를 찾는 독자분들이 꼭 보았으면 하는 것이 이 도시모델과 진화의 과정이다.

단순한 건물개발이 아닌 복합도시로 가는 지금, '포스트 코로나'를 맞아 자연과 동네의 삶이 중요시되는 지금, 이들 힐즈의 가치는 더욱 주목받고 있다. 더 나은 생활과 도시경쟁력을 갖추기 위해서는 우리도 이제 새로운 시대담론에 적합한, 글로벌 스탠더드에 부합하는 새로운 도시모델을 스스로 만들어가야 할 때가 되었다.

아자부다이 힐즈와 함께 보면 좋은 곳들

아카사카
도라노몬
롯폰기잇초메역
아타고
가미야초역
롯폰기
수도정수장
아자부다이
도쿄타워
조죠지

❶ **아자부다이 힐즈 모리JP타워 :** 무료 전망대를 겸하는 33층 힐즈하우스.
❷ **브리티시 스쿨 인 도쿄**
❸ **디지털 아트뮤지엄 팀랩 보더리스** : 예술과 과학을 연구하는 창작집단 팀랩이 만든 몽환적 분위기의 미술관.
❹ **니시쿠보 하치만 신사** : 아자부다이 힐즈와 함께 재개발된 옛 신사. 신사 마당에서 보는 새것과 옛것의 대비가 인상적.
❺ **오란다 힐즈 모리타워** : 네덜란드 대사관 및 수도정수장과 함께 재개발된 복합타워.
❻ **아크 힐즈 센고쿠야마모리타워** : 원래 아자부다이 힐즈 사업부지에 선행개발된 주거복합타워.
❼ **센오쿠 하쿠코칸 미술관** : 이즈미가든 개발과 함께 조성된 공원 속 스미토모그룹 미술관.
❽ **이즈미가든 타워** : 지하철역과 함께 개발된 선큰 가든과 일본 최대 셔틀 엘리베이터.
❾ **롯폰기 그랜드 타워** : 이즈미가든 2차 사업으로 완성된 복합개발.
❿ **아크 힐즈 모리타워** : 일본 최초 인텔리전트 빌딩.
⓫ **산토리홀** : 아크 힐즈 옥상정원 아래 위치한 카라얀 자문 클래식 공연장.
⓬ **아크 힐즈 카라얀 광장과 옥상정원** : 커뮤니티 활성화를 위한 주말 마르쉐 및 벼룩시장과 가드닝 클럽.
⓭ **가미야초 녹도** : 연쇄적 재개발로 만든 지역 관통 가로공원.

아저씨들의 동네가
글로벌 신도심이 되기까지

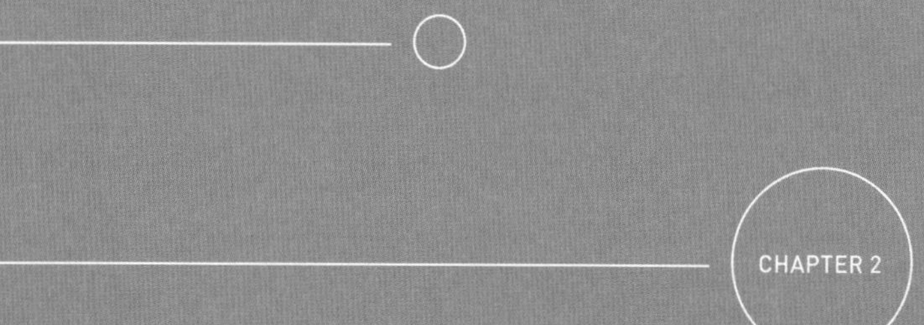

▶도라노몬 힐즈

아자부다이 힐즈에 맞먹는 규모의 새로운 힐즈, 도라노몬 힐즈가 2023년 마지막 건물인 스테이션타워 완공과 함께 모습을 드러냈다. 2014년 도라노몬 힐즈의 첫 번째 건물로 완공된 '도라노몬 힐즈 모리타워'에서 남쪽을 내려다보면, 새로 조성된 도시계획도로의 양옆으로 4~5층 높이의 키 작은 건물들과 10층 높이 정도의 건물들이 섞인 풍경이 보인다. 바로 건물 아래쪽 지역이 도라노몬, 조금 먼 곳이 신바시다. 일본의 최고 업무중심가이자 대형 오피스가 밀집한 지역이 도쿄역 앞 마루노우치라면, 북쪽의 간다 지역과 남쪽의 도라노몬, 신바시 지역은 중소 오피스가 모여 있는 동네다.

간다와 도라노몬은 에도 시대의 도시계획에 따라 상인들이 모여 살던 지역답게 유럽과 동남아시아 상인지구에서 흔히 보이는 숍하우스Shop House 형태의 2층짜리 건물들로 가득했다. 도로변의 건물 1층은 가게이고, 안마당 뒤쪽과 2층은 집과 창고인 구조였다. 이 시대의 상인건물은 도로에 면한 면은 좁고 안으로 길쭉하게 되어 있는 필지여서, 일본에서는 이를 뱀장어들이 사는 집이라 불렀다. 그 필지의 형상대로 건물을 올리면 전면은 좁은 상태 그대로고 위로만 올라가다 보니 연필(펜슬) 모양 빌딩이 되었다. 작은 사이즈의 건물이 많다 보니 자연스럽게 중소기업들이 모여들 수밖에 없었다.

도라노몬의 중심 역인 신바시역 앞에는 그런 작은 회사에 근무하는, 연봉도 그리 높지 않은 '오야지(아저씨)' 회사원들을 상대로 가벼운 저녁과 술을 파는 선술집이 하나둘 생겨났다. 서울 을지로3가의 중소 오피스 지역과 노가리 골목이 떠오르는 풍경이라 해야 할까. 과거의 도라노몬은 펜슬 빌딩과 오야지들의 동네였다.

끊임없이 도전하는 디벨로퍼 '모리빌딩'

지금 도라노몬 힐즈에 가면 거대한 타워 4개가 우뚝 서 있는 모습을 마주할 수 있다. 2014년에 오픈한 '도라노몬 힐즈 모리타워'를 비롯해 양옆으로 2020년에는 '비즈니스타워'가, 2022년에는 '레지던스타워'가 오픈했다. 그 뒤 2023년 10월, 서측에 '도라노몬 힐즈 스테이션타워'가 오픈하면서 드디어 도라노몬 힐즈가 완성되었다. 전철역과 4개의 건물이 한몸으로 개발됨으로써, 도라노몬 힐즈는 롯폰기 힐즈에 필적하는 또 하나의 글로벌 신도심으로 진화하고 있다.

롯폰기 힐즈를 비롯해 아크 힐즈, 오모테산도 힐즈, 도라노몬 힐즈, 그리고 2023년 11월 모습을 드러낸 아자부다이 힐즈로 이어지는 힐즈 시리즈로 너무도 유명해진 모리빌딩이지만 그 시작은 미미했다. 나만 해도 2005년 모리빌딩 소속으로 한국에서 컨설턴트로 일할 당시 회사 이름 때문에 어려움을 겪은 적이 많았다. 일반인은 물론이고 언론조차 기사에서 기업명인 '모리빌딩'을 '모리부동산'으로 잘못 내보내기 일쑤였다. 모리빌딩이 마치 건물 이름 같아서 습관적으로 모리부동산으로 바꾸어 썼다는 것이다. 그러나 모리빌딩의 '빌딩'은 건물을 의미하는 빌딩만이 아니라 사회에 공헌하는 '건설적인 빌더'라는 뜻을 품고 있다.

모리빌딩은 미쓰이부동산, 미쓰비시지쇼 등 일반적인 일본의 재벌그룹 계열 부동산 회사와 달리, 1대 오너 모리 다이키치로와 2대 오너 모리 미노루가 1950년대에 함께 창업한 회사다. 기반이 약한 신흥회사지만 '모리트러스트'와 분리되기 전인 1993년에는 〈포브스〉 선정 세계 부자 순위 1위에 오르기도 했다. 2022년 기준 연매출 2조 3000억 원, 영업이익 5000억 원 정도로, 대기업 계열을 제외한 독립계 디벨로퍼로는 최고의 실적을 자랑한다. 이쯤 되면 도심이 아닌 외진 땅에서 창업하여 도쿄의 라이프스타일을 선도하고 도시경쟁력까지 끌어올린 모리빌딩의 역사가 궁금해진다.

이 회사의 DNA는 이름만큼이나 남다르다. 모리 집안은 선대부터 도라노몬 지역에서 쌀가게를 운영하며 주변 지주들을 대신해 부동산 임대관리운영업을 했다. 창업자인 모리 다이키치로는 요코하마 시립대학에서 상학부 교수로 근무하고 있었다. 그러다 한국전쟁 이후 개발 붐이 일자 가업을 발전시켜 1955년 부동산 회사인 '모리부동산'을 창업했다.

아들 모리 미노루는 당시 도쿄대학에 다니며 소설가를 지망하던 중 아파서 잠시 학업을 중단한 상태였다. 마침 창업한 아버지가 가업을 도와달라고 하자, 미노루는 소설의 소재도 모을 겸 가벼운 마음으로 부동산업에 발을 들였다. 경제학자이기도 한 모리 다이키치로는 도라노몬 지역의 토지를 일부 소유하고 있었는데, 당시 24세였던 아들 모리 미노루에게 주어진 첫 번째 일은 이들 부동산의 활용방안을 모색하는 것이었다. 이후 그는 집안의 땅을 종자로 지주공동개발을 추진하며 부동산 개발의 묘미에 눈을 뜨게 된다. 아버지 모리 다이키치로 역시 대학교에서 겸직을 문제삼자 학교를 그만두고 1959년 회사명을 '모리빌딩'으로 바꾼 후 사장으로 정식 취임하며 본격적인 디벨로퍼의 길에 뛰어든다.

당시 일본 대기업 계열의 부동산회사는 '○○부동산', '○○지쇼(땅)', '○○건물' 등의 회사명을 주로 쓰고 있었다. 그런데 이들이 모리빌딩으로 사명을 지은 데에는 이유가 있다. 일본에서는 드물게 크리스천이었던 모리 다이키치로는 항상 사회를 의식했다. 그는 개인이 아닌 기업에 빌딩을 지어서 빌려주는 것이 일본의 근대화나 산업진흥에 조금이라도 공헌할 수 있는 비즈니스라 보았다. 개인에게 집을 빌려주고 돈을 버는 사람은 불로소득자 취급을 받는 터라 부동산업의 이미지가 좋지 않았던 시대였다. 사회를 바꾸어가는 '빌더'의 의미를 담아 회사 이름을 지은 것도 그 때문이다. 한국에서 종종 오해를 불러일으키는 '모리빌딩'이라는 회사명에는 이렇듯 두 오너의 남다른 의지가 담겨 있다.

그러나 현실은 현실이다. 학자인 아버지에 소설가 지망생 아들, 재력도 경험도 없는 창업자들이 어떻게 이렇게까지 성장할 수 있었을까? 여러 이유가 있겠으나 가장 확실한 것은 두 창업자의 혁신에 대한 강한 의지였다.

모리빌딩의 성장을 이끈,
옆집과 함께하는 공동건축

경험은 일천했으나 창업지인 도라노몬에 대한 두 오너의 사업적 확신은 굳건했다. 일본은 당시 정부 주도하에 고도경제성장정책을 펼치고 있었고, 도라노몬은 우리나라의 광화문 같은 중앙관청가인 가스미가세키와 인접한 곳이었다. 한마디로 저평가된 미개발지였고 잠재력은 분명했다.

하지만 그들이 가진 얼마 안 되는 땅은 모두 큰길이 아닌 이면도로 안쪽에 있었다. 자금을 동원할 능력도 없었기에 첫 번째 개발빌딩(제2모리빌딩)은 선대가 쌀가게를 하던 땅에 세울 수밖에 없었다.

모리 미노루는 경험은 많지 않았지만 꿈의 크기는 원대했다. 그는 도라노몬 지역을 일본 최고 비즈니스 거리인 도쿄역 앞의 마루노우치처럼 훌륭한 비즈니스 거리로 만들고 싶었다.

이 비전을 실천하기 위해 모리빌딩이 내세운 돌파구는 놀랍게도 '지주 공동건축'이었다. 이들은 프로젝트를 시작할 때마다 모리빌딩이 소유한 부지의 옆집에 몇 차례나 방문하여 공동건축의 장점과 도라노몬 지역의 발전 가능성을 역설했다. 그의 끈질긴 설득과 노력이 빛을 발한 것일까, 마침내 대로변과 옆 땅의 주인이 동의해 최초의 공동건축 빌딩인 '제1모리빌딩'을 건축하기에 이른다. 그 후 모리빌딩은 '옆집과의 공동건축'이라는 새로운 사업 아이디어로 계속해서 개발사업을 진행해갔다. 1970년 도시재개발법이 제정되자 경쟁사들이 주저하는 동안 모리빌딩이 대규모 재개발에 최초로 도전할 수 있었던 것도 이때의 경험 덕분이었다.

모리빌딩은 공동건축 방식으로 일본의 고도성장과 발맞추어 신바시와 도라노몬 지역을 중심으로 오피스빌딩인 넘버빌딩을 빠르게 늘려갔다. 별관을 포함하면 20여 년간 지은 빌딩만 60여 개 동에 이른다. 많이 지으면 지을수록 노하우나 데이터가 축적되어 기술력과 신용도가 올라가고 개발에도 가속도가 붙었다.

그들은 고도경제성장기에 남들처럼 쉽게 토지를 팔아 돈을 벌려 하지 않고, 시종일관 그들이 만들어낸 건물 혹은 동네의 가치로 승부하고자 했다. 단기가 아닌 장기적 관점에서 사업과 사회를 바라보는 비전과 전략을 취한 것이다.

모리타워, 도로라는 공공자산을 활용한 지역의 랜드마크

시대와 함께 도시의 이상형은 바뀐다. 모리빌딩이 도라노몬에서 창업하여 지주공동 사업방식으로 단순 오피스빌딩인 넘버빌딩을 지을 때는 공업화 사회였다. 자연히 '직장과 거주지는 따로 있어야 한다. 특히 공장과 주거는 분리해야 한다'는 생각이 일반적이었고, 도시계획도 용도분리가 맞다고 생각하여 직주를 분리했다. 그러나 그렇게 만들어진 용도분리형 도시구조가 지식정보사회의 라이프스타일이나 워크스타일에는 오히려 걸림돌이 되었다. 이에 모리빌딩은 창업 후 전력을 다해 지은 도라노몬 지역의 단순 오피스빌딩을 부수고,

아크 힐즈와 롯폰기 힐즈의 성공경험을 바탕으로 새로운 직주근접형 복합타운을 만들겠다는 목표를 세웠다.

물론 실행은 쉽지 않았다. 모리빌딩은 현재 도라노몬 힐즈 모리타워 부지에도 기존의 넘버빌딩 두 동을 갖고 있었다. 공동건축으로 재개발한 넘버빌딩과 기존의 낙후된 건물들을 재개발해야 하니, 모리빌딩 입장에서는 재-재개발사업이 되는 셈이었다. 심지어 도라노몬은 도로계획예정지역이라 개별 개발도 어려웠고, 이러지도 저러지도 못하는 상황에서 오래된 건물들은 더욱 노후화되고 있었다. 게다가 도라노몬과 신바시는 사람들에게 여전히 오야지(아저씨)들의 동네로 인식되고 있었다. 인프라 사업만으로는 지역 전체를 변화시키는 데 한계가 있었고, 이를 타개할 상징적인 아이콘과 프로그램이 필요했다. 흔히 도시재생에서 말하는 선도사업, 앵커사업, 마중물사업이다. 새로운 인상을 강하게 심어줄 프로젝트가 있어야 했다.

모리빌딩은 도로의 가장 북쪽에 자신들이 소유한 빌딩을 활용해 선도 프로젝트를 기획했다. 도로라는 공공자산을 입체적으로 활용해 만든 지역의 랜드마크가 바로 도라노몬 힐즈의 1차 사업인 '모리타워'다. 새롭게 조성된 가로수길에서 북측을 바라보면 경사져 올라가는 숲과 함께 높이 247m, 52층에 달하는 초고층 모리타워가 우뚝 서 있다. 주변 소음을 차단하는 역할도 하는 계단식 폭포를 따라 위

▲새롭게 조성된 순환2호선 지하도로 진출입구와 도로위에 들어선 도라노몬 힐즈 모리타워. 2000년 이후 일본의 대도시 도시재생사업에 '민간제안형사업'이 가능해졌다. 도쿄도의 기존 계획대로라면 순환2호선은 자동차를 위한 폭 40m짜리 8차선 도로로, 도라노몬-신바시지구 한가운데를 관통하고 있었다. 그러나 6차선 이상의 도로는 잠실 등에서 보는 것처럼 양측을 단절시키는, 차만 쌩쌩 달리는 도로가 되기 쉽다. 모리빌딩은 이 점을 고려해 도로개발이 아닌 동네개발을 위해 새롭게 도입된 입체도로제도를 활용했다. 도라노몬 힐즈부터 남측 시오도메까지 이어지는 도시간선 자동차용 도로를 지하에 만들고 그 위에 모리타워를 세웠다. 지상부의 도로는 최소화하고 보도를 넓혀 750m 가로수길을 만들었다. 참고로 도쿄에서 가장 품격 넘치며 활기찬 거리의 대명사인 오모테산도 가로수길이 약 750m다.

▲모리타워와 도시계획도로 위에 들어선 중앙광장 '오발플라자'와 안정적인 지역활성화 이벤트를 위한 대형 캐노피.

▲새로운 역 및 지하 역전광장과 하나되게 기획된 도라노몬 힐즈 스테이션타워 아트리움.

로 올라가면 이곳이 도심임을 잊게 하는 울창한 숲과 그 사이 벤치에 앉아 휴식을 취하는 회사원들이 보인다. 건물 내로 들어가면 햇빛이 쏟아지는 거대한 3층 높이의 아트리움에서 바깥의 자연을 만끽할 수 있다.

낙후된 지역에 새롭게 들어서는 나홀로 오피스타워는 주중과 주말, 낮과 밤의 고객편차가 커 상업시설 점포들이 어려움을 겪을 수밖에 없다. 모리빌딩은 이 문제를 해결할 묘책으로 모리타워의 상업시설 대부분을 이 아트리움에 면하게 하여 외부 풍경을 제공했다. 가로변 식음시설은 아트리움 내부에 위치해 있지만 쾌적함과 풍경을 모두 갖춘 오픈 카페와 레스토랑 형태로 기획했다. 아침은 오피스 카페로 가동해 점심시간대 외 매출을 올리게 했고, 이 풍경을 어필 포인트로 삼아 저녁 장사와 마지막 바 타임 영업까지 가능하게 해 매장의 회전율을 높였다. 어렵게 모셔온 테넌트들의 매출 안정화에 각별히 신경 쓴 세심하고도 영리한 기획이다.

외부 숲을 배경으로 하는 언덕 카페길 같은 아트리움을 올라가면, 거대한 캐노피 아래로 작은 언덕 모양의 타원형 잔디광장이 보인다. 주말 아침요가를 비롯해 다양한 커뮤니티 이벤트가 펼쳐지는 이 광장은, 사실 지하화된 도시계획도로가 지상으로 올라오는 진출입구의 상부를 활용한 것이다. 보통은 예산과 시공상의 난점으로 덮지 않는 공간인데, 모리빌딩은 향후 십자형으로 들어설 추가 프로젝트의 중심으로 설정하여 이벤트 광장으로 만들고 그 위는 날씨나 기후와 무관하게 행사를 열 수 있게끔 거대한 캐노피로 덮었다. 참고로 둘 다 국가전략특구로서 지역활성화를 위한 공공기여로 인정받아 사업적 지원을 받았기에 만들 수 있었던 공간이다.

광장에서 다시 건물 내부로 들어가면 상업공간과 분리된 품격 있는 오피스 로비가 나오고, 옆으로는 이 지역에 없었던 대규모 컨벤션과 회의실로 가는 동선이 눈에 들어온다. 한 층 아래로 내려가면 택시와 VIP들을 위한 차량 드롭존이 있다. 옆으로는 럭셔리하고도 편안한 특급호텔 안다즈의 게이트 로비가 거리에 면한 직영카페와 함께 보인다. 모리빌딩은 이런 새로운 상품과 공간들을 품어 매력을 끌어올린 후에, 조망이 탁월한 하이엔드 도심주택과 최고 사양의 전망 좋은 오피스를 함께 넣었다. 이 지역에 없던 글로벌기업과 인재들을 유치하기 위해서다. 하드웨어로도 소프트웨어로도 지역을 변화시킬 강력한 첫 번째 자석이 '오야지 동네'도라노몬에 들어선 것이다.

도라노몬 힐즈와 이어지는 남측 도시계획도로 상부의 750m 가로수길은 '신토라거리'라 이름 지었다. 화려한 도라노몬 힐즈의 내외부 공간과 품격 있는 안다즈 호텔에 비해 도쿄도가 만든 신토라거리가 아직 빈약해 보이는 것은 사실이다. 모리빌딩은 2015년 10월,

▲도시계획도로 위에 들어서 주변 자연과 하나된 아트리움 및 쾌적한 상업시설.

이 거리를 기반으로 지역민과 함께 정식으로 '신토라거리 에리어매니지먼트'를 설립하여 지역의 미래 비전을 함께 책정하고 다양한 지역활성화 이벤트를 펼치고 있다. 애초 계획한 그림까지는 미치지 못했으나, 모리빌딩 특유의 뚝심으로 가로 중간 부분 필지를 활용해 작은 앵커 건물을 짓는다든지 빈 땅에 스케이드보드 파크와 상업점포를 조성하는 등 긴 호흡으로 가로수와 함께 거리를 성장시키고 있다.

도쿄의 새로운 글로벌 현관과 도심 그린웨이의 탄생

세계 최대 전철망과 이용객을 자랑하며 빈틈없이 운행되는 도쿄에서도 도심에 새로운 전철역을 짓는다는 건 매우 난해한 일이다. 도라노몬 힐즈 사업부지는 교통과 관련해 극복해야 할 과제를 안고 있었다. 도쿄 오피스에 필수인 전철역이 너무 멀었고, 글로벌 비즈니스센터라 하기에는 공항 접근성이 좋지 않았다. 결국 1차 사업인 '도라노몬 힐즈 모리타워'는 도시계획도로와 선도 앵커사업이 결합된, 교통 인프라와 복합개발을 융합한 사업으로 추진되었다.

2차 사업 역시 전철역과 버스터미널이라는 교통 인프라는 물론 지하광장과 보행데크 등을 통해 주변 동네와 하나가 되는, 한 단계 나아간 복합개발로 교통문제를 풀어냈다. 도심과 임해부臨海部 및 하네다 공항을 연결하는 순환2호선의 정비에 맞추어, 비즈니스타워 1층에는 도심과 임해부를 이어주는 신교통수단 BRT 및 공항과 빠르게 이어지는 리무진버스 터미널이 들어왔다. 스테이션타워 개발에서는 '도라노몬 힐즈역'을 유치하여 대중교통의 편의성을 극적으로 높였다.

일본의 기차역 앞에는 광장이 많지만 전철역 주변에는 대개 광장이 없다. 도라노몬 힐즈에서는 안전과 쾌적함을 위해 입체적인 대규모 지하 역앞 광장과 보행자통로, 상부 보행데크 등의 보행 네트워크를 같이 만들었다. 도쿄의 새로운 글로벌 현관에 걸맞은 교통 허브 기능을 갖춘 것이다.

교통 관련 인프라 외에도 도라노몬 힐즈를 방문하면 다들 놀라는 부분이 압도적인 녹음이다. 자연과 함께하는 개발은 바이오필릭Biophilic이라는 단어와 함께 최근 주요 개발사업의 기본이 되고 있지만, 도라노몬은 그 정도가 훨씬 강하고 전략적이다.

먼저 1차 사업에서 조성한 도시계획도로 상부의 도시숲을 이어받아 2차 십자형 개발을 통해 주변 지역을 이어주는 그린네트워크를 완성했다. 건물 저층부에서는 설계 시 녹지공간을 계단식으로 올려 기존에 있던 아타고산 자연과 함께하는 거대한 도심숲을 조성했다. 신토라거리와 1차 모리타워에 있는 스텝가든step garden을 이어받아 서측의 오쿠라 호텔과 인터시티 등의 주변 복합개발로 만들어진 새로운 가로수길까지, 신바시에서 시작하여 도라노몬을 지나 아카사카로 이어지는 거대한 도심 그린웨이의 탄생이다.

▲모리빌딩은 도라노몬 힐즈가 저녁도 즐거운 동네가 되려면 '오야지의 성지' 신바시역 앞의 술집 골목까지 가지 않고도 동료들과 즐거운 저녁시간을 보낼 공간이 반드시 필요하다고 보았다. 레트로한 지역색은 살리면서도 한층 세련된 테마 식음거리, 우리로 치면 고급진 실내포장마차촌인 '도라노몬 요코초'를 3층에 기획한 이유다. 다점포 출점을 하지 않던 도쿄의 유명 식음점 26곳을 한자리에 유치하여, 그날의 기분에 따라 다양한 공간에서 자연스럽게 식사와 술을 즐길 수 있는 골목이 탄생했다. 남측 신바시 역앞이 오야지들의 밤의 성지라면, 새로운 북측 도라노몬 힐즈 역앞은 글로벌 플레이어가 모이는 밤의 성지를 꿈꾼다. 이 모든 시설이 어우러져 도라노몬 힐즈는 글로벌 비즈니스센터로 작동하기 시작했다.

글로벌기업과 플레이어들을 유치한 기획력

모리빌딩은 도라노몬에서 창업할 때부터 합리성을 중시하는 외국계 중소기업들이 입주하여 함께 성장해왔다. 이 경험을 바탕으로 일본 최초의 복합개발이자 인텔리전트 빌딩인 아크 힐즈에 글로벌 투자은행과 기업들을 유치했고, 롯폰기 힐즈에 구글을 비롯한 세계 최고기업들을 입주시키는 데 성공했다. 이렇게 성공경험이 풍부한 모리빌딩에도 도라노몬은 쉬운 입지가 아니었다. 따라서 글로벌기업과 플레이어들을 사로잡기 위한 종합적인 기획이 필요했다.

먼저 기반이 되는 교통과 자연 등의 인프라를 정비한 후 고품격 오피스와 주거를 갖추어, 도심이면서 자연을 누리는 직주일체 생활이 가능하도록 했다. 글로벌한 주거민들의 생활을 지원하기 위해 타워 저층부에는 국제 유치원과 회원제 웰니스 시설 '힐즈스파'를 유치하기도 했다.

직주락이 오롯이 함께하는 글로벌 비즈니스센터가 되려면 오피스와 주거뿐 아니라 여가활동을 위한 상업기능이 필수적이다. 낙후된 지역에는 오피스를 넣는 것도 어렵지만 상업시설 유치도 만만치 않다. 모리빌딩은 도라노몬 힐즈에 무리하게 입점시키기보다는 컨셉과 지역 수요에 맞는 상업기능을 기획하고 유치했다.

1차 사업에서는 오피스 로비에 패밀리마트와 협업하여 편의점 및 카페와 미용실, 플라워숍과 신발수선 가게들이 모여 있는 '더서드'라는 복합상업공간을 만들었다. 2차 비즈니스타워에서도 모리빌딩은 패밀리마트 및 편집숍 어번리서치와 협업하여 의류 및 생활잡화를 파는 새로운 형태의 직장인 지원기능을 2층에 마련했다. 나홀로 선도사업이라 전략적으로 필수 시설만 넣었던 1차 사업과 달리, 2차 사업 때는 한층 커진 집객파워를 살려 비즈니스타워에 음식, 판매, 서비스점포를 갖췄다. 지하에는 아크 힐즈에서 인기를 끈 프리미엄 그로서리 '후쿠시마야'를 한층 업그레이드하여 유치, 직장인을 포함한 주변 거주민들의 생활의 질을 높였다. 이들 상업시설은 지하를 살리기 위해 1층 거리를 죽인 남측 시오도메지구와 달리, 1층도 2층도 지하층도 모두 하나의 동네처럼 자연스럽게 즐길 수 있게 기획되었다. 건물이 분리되어 있더라도 전략적으로 기획한다면 기존 동네와 하나 되는 상업시설이 성립할 수 있음을 실물로 보여준 사례다.

'힐즈=성장기업'이라는 브랜딩의 비결

모리빌딩은 글로벌산업개발특구라는 이름에 걸맞게 도라노몬 힐즈에서 실제 글로벌 플레이어들의 교류가 활성화되고 시대를 리드할 기업과 산업이 탄생하기를 바라고 있다. 이를 위해 모리빌딩은 성장성 있는 기업을 유치하고 교류시키기 위한 노력을 지속했다. 롯폰기 힐즈는 'GREE, CROOZ, K Lab, 메루카리' 등 일본의 대표적 스타트업들을 중견기업 레벨로 성장시킨 신화적 건물이라는 평을 받는다. 이후 '힐즈=성장기업'이라는 브랜드 이미지가 생겼고, 이는 도라노몬 힐즈에 큰 힘이 되었다. 도라노몬 힐즈는 2023년 가을에 오픈한 스테이션타워까지 더하면 오피스 임대면적만 약 9만 평에 달하기에, 이 면적을 안정적으로 가동하기 위해서도 '힐즈=성장기업'이라는 브랜딩은 필수적이다.

하지만 성장 가능한 기업을 찾아내 임차인으로 유치하는 작업은 대단히 어려운 일이다. 미쓰이부동산이나 미쓰비시지쇼는 일본 최대 기업이기에 계열사만으로도 건물의 기본 수요를 채울 수 있지만, 모리빌딩은 디벨로퍼만 하는 기업이라 의지할 곳이 없다. 스스로 시대변화를 읽어내며 새롭게 성장하는 산업을 찾아내고, 그 산업의 유망 기업을 항상 찾아야 했다.

이를 위해 미국 실리콘밸리 기반 독립계 벤처캐피털 WiL과 제휴하여 모리빌딩에 걸맞은 스타트업 육성에 들어갔다. 대기업에 숨겨진 새로운 사업의 씨앗을 발굴하여 기업화하는 인큐베이션 시설이다.

약 3000m^{2}에 달하는 비즈니스타워 4층 전체를 사용하는 이노베이션 센터 '아치'는 오픈과 동시에 무려 110여 개 대기업의 신사업 부문을 유치하는 데 성공했다. 일본 최고의 창업사관기업인 리쿠르트의 창업자 에조에 히조마사는 제2모리빌딩 옥상 가건물에서 모리 미노루와 젊은 시절 밤새워 토론하며 새로운 시대를 개척한 인물이기도 하다. 모리빌딩은 그때처럼 이 시대의 새로운 도전자들이 도라노몬 힐즈에 모여 교류함으로써 새로운 산업이 탄생하기를 꿈꾸고 있다.

지역과 동네를 바꾸는
'사람'을 중심에 둔 기획과 운영

도라노몬을 기반으로 성장한 모리빌딩은 이 지역을 글로벌기업과 인재들이 모이는 신도심으로 성장시키기 위해 도라노몬 힐즈를 순차적으로 완성했다. 2023년 10월 그 대미를 장식하는 마지막 개발인 도라노몬 힐즈 스테이션타워가 오픈했다. 스테이션타워는 오피스와 호텔뿐 아니라 한층 강화된 전략시설을 타워 최상층부에 '도쿄노드'라는 이름으로 기획, 오픈했다. 도쿄노드에 들어온 메인홀과 3개의 갤러리, 옥상의 스카이가든과 풀, 공동연구랩 등은 기존의 연회 및 회의시설과 차별화된 복합 마이스MICE 시설[1]로 기획했다. 도쿄노드는 각 시설과 기능을 도라노몬 힐즈 내의 포럼과 안다즈 호텔, 신토라거리 등 기존의 이벤트 스페이스 및 미디어와 결합해 동네 전체를 정보발신의 무대로 만들고자 한다. 이를 통해 세계 각국에서 크리에이티브한 인재와 아이디어가 모이고, 도라노몬 힐즈가 새로운 비즈니스와 혁신을 끊임없이 발신하는 도시로 진화하는 것을 목표로 하고 있다.

모리빌딩이 창업한 도라노몬 지역은 서울로 치면 도심 주변부인 서소문과 을지로에 가깝고, 외국색이 강한 용산은 롯폰기 지역과 좀 더 비슷할 것이다. 다만 최근 서울시의 비전과 계획을 보면 용산은 향후 지역색을 살려 글로벌 신도심으로 재탄생할 것을 지향하고 있기에 도라노몬의 방향성과도 닮아 있다. '용산이 글로벌 신도심으로 변신하려면 어떻게 해야 할까?'라는 질문에는 도라노몬 힐즈 개발 사례에서 어느 정도 답을 찾을 수 있다고 생각한다. 교통이 편리하고 건물만 좋다고 해서 글로벌기업이나 인재들이 오는 것이 아니다. 글로벌 비즈니스를 가능하게 하는 하드웨어적 인프라는 기본이고, 그

1 MICE는 기업회의(Meeting), 인센티브관광(Incentive tour), 국제회의(Convention), 전시(Exhibition)를 의미하는 영어 단어의 첫머리를 딴 것이다. MICE산업은 대규모로 조직된 집단이 특정한 목적을 갖고 관광할 때 성립된다.

들이 원하는 수준의 고품격 일상생활이 가능해 보일 때 살기 위해 들어오는 것이다.

도라노몬 힐즈와 도시의 글로벌 경쟁력

도라노몬 힐즈 모리타워가 위치한 도시계획도로의 별칭은 올림픽도로다. 서울 한강변 올림픽대로가 그랬던 것처럼, 국가경쟁력 강화의 일환으로 유치한 2020 도쿄올림픽을 위해 도심과 공항과의 접근성을 개선하고자 만든 도로라 그렇다. 비즈니스타워 1층에는 공항으로 향하는 리무진 버스터미널을, 마지막으로 완공한 스테이션타워에는 그 어렵다는 신규 지하철역과 광장이 위치해 있다. 서울도 도시경쟁력의 중요성을 강조하고 있지만, 해외를 오가며 활동하는 비즈니스맨에게는 여전히 접근성의 불편함이 적지 않다. 출장으로 김포공항에 갈 때마다 지하철역이 국내선 터미널과 국제선 터미널 중간에 있다 보니 늘 교통편을 고민한다. 지하철역에서 내려 긴 지하터널을 걷는 시간을 아끼느라 결국 택시를 이용하게 된다.

2010년 새롭게 만들어진 하네다공항 국제선 터미널은 처음부터 글로벌을 활동무대로 하는 바쁜 비즈니스맨을 타깃으로 기획되었다. 국내선 터미널역이 가까이 있는데도, 도심 업무지구와의 접근성을 높이기 위해 출입국 게이트와 같은 층, 최단 거리에 새로운 지하철과 모노레일역을 추가로 만들었다. 전철 탑승시간으로 30분이 아니라, 출국 게이트에서 도심 사무실까지 '도어 투 도어'로 30분을 실현하여 도쿄의 글로벌 경쟁력을 높이고 있다. 다음 도쿄출장이나 여행에서 김포-하네다 항공편을 이용한다면 이런 관점에서 공항과 도시경쟁력과의 관계도 살펴보길 바란다. 그리고 도라노몬 힐즈를 방문한다면 가급적 지하철을 이용하길 추천한다. 도라노몬 힐즈역에서 내려 모리타워와 스테이션타워로 걸어가면서 인프라 시설과 복합개발이 어떻게 비즈니스맨의 편의성을 최대로 올리고 있는지 직접 체험해보길 바란다. 도시의 글로벌경쟁력은 그렇게 먼 곳에 있지 않다.

도라노몬 힐즈와 함께 보면 좋은 곳들

다메이케산노역
가스미가세키빌딩
도라노몬역
우치사이와이역
도라노몬
도라노몬 힐즈역
신바시
가미야초역
오나리몬역

❶ **도라노몬 힐즈 모리타워와 오발광장** : 도시계획도로 위 스텝가든 및 광장과 오피스 지원 상업시설 더 서드.

❷ **도라노몬 힐즈 비즈니스타워** : 버스터미널 및 인큐베이션 시설 아치와 테마푸드홀 도라노몬 요코초.

❸ **도라노몬 힐즈 레지덴셜타워** : 도심주거를 위한 타워로 아타고 신사와 이어지는 그린웨이.

❹ **도라노몬 힐즈 스테이션타워** : OMA설계 복합타워와 최상층 도심 MICE 특화시설 도쿄 노드.

❺ **도라노몬 힐즈역과 글래스락** : 글로벌 신도심의 새로운 현관으로 기획된 역과 입체적 연결통로.

❻ **신토라거리** : 도라노몬 힐즈와 함께 주변 지역재생을 위해 새로 만든 가로수길과 팝업숍.

❼ **제2모리빌딩** : 모리빌딩 최초 개발 건물. 1955년.

❽ **호텔 오쿠라 도쿄와 오쿠라 집고관** : 일본 최고의 노포 호텔 중 하나로 상징적인 로비 라운지를 재현.

❾ **도쿄 에디션 도라노몬** : 모리트러스트그룹이 만든 자연과 함께하는 도심재개발 월드게이트시티 내 호텔로 오피스 로비 및 호텔 로비는 구마겐고 설계.

❿ **주일미국대사관** : 글로벌한 지역색의 상징으로 광화문 교보타워를 지은 시저 펠리 초기 작품.

⓫ **아타고 신사** : 에도 시대부터 지역의 상징이자 경관상의 포인트가 되는 곳으로 주변 힐즈와 함께 거대한 도심 녹지축을 형성.

⓬ **아타고 그린 힐즈와 세이쇼지** : 모리빌딩 버티컬 가든 시티의 초기 대표작 중 하나. 중앙의 사찰부지를 활용해 절의 산문처럼 오피스와 주거타워가 트윈 타워로 배치.

20년간 8억 명이 찾은 일본 도시개발의 상징

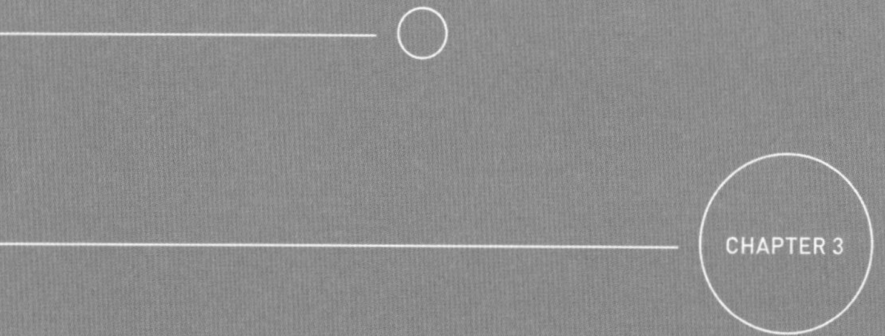

▶롯폰기 힐즈

"죄송하지만, 이제 롯폰기 힐즈는 식상하지 않나요?"

롯폰기 힐즈를 언급하거나 안내할 때면 간혹 듣는 이야기다. 도시계획이나 건축, 부동산 개발과 관련이 없어도 도쿄를 여행한 사람이라면 대부분 한 번은 다녀갔을 터, 더 이상 새롭지 않은 것은 어찌 보면 당연하다. 그럼에도 도쿄라는 도시의 진화를 다룰 때마다 롯폰기 힐즈를 언급하는 것은, 하나의 복합개발이 동네와 도시와 국가까지 살릴 수 있음을 보여준 가장 구체적이고 현실적인 성공사례이기 때문이다. 개인적으로 20세기 도시개발의 상징이 뉴욕의 록펠러센터라면, 21세기 도시개발의 상징은 도쿄의 롯폰기 힐즈라 생각한다.

20년 동안 매년 4000만 명. 모리빌딩이 롯폰기 힐즈를 이야기할 때 가장 먼저 내세우는 숫자다. 2003년 오픈 이후 지금까지 매년 롯폰기 힐즈를 찾는 평균 방문객 수로, 평일 기준 10만 명, 주말에는 12만 명 정도가 1년 내내 방문해야 나오는 수치다. 중간에 코로나를 겪으며 조금 감소하긴 했지만 오픈 이후 8억 명에 이르는 사람들이 롯폰기 힐즈를 찾았다. 방문객 수를 성공지표로 삼을 수 있는지에 대해서는 견해차가 있으나, 사업성 외에 도시활성화 기여도라는 측면에서 봐도 중요한 수치임은 분명하다.

한편 방문객 수 못지않게 중요한 것이 방문객의 질이다. 롯폰기 힐즈의 경우 지방에서 올라온 단체 관광객이나 일반 여행자들도 적지 않지만, 세계 각국의 비즈니스맨과 다양한 크리에이터들이 방문객의 상당 비율을 차지한다. 보통 화려한 스포트라이트를 받는 준공 첫해에는 오픈 효과로 많이들 찾아온다 해도, 오픈 후 무려 20년 동안이나 방문객 수와 질을 유지하는 것은 여간 어려운 일이 아니다. 도쿄라는 도시의 진화에 가장 크게 기여한 롯폰기 힐즈의 성공 요인을 하나씩 살펴보기로 하자.

첫째, 세계 수준의 문화도심을 만들겠다는 명확한 목표

롯폰기 힐즈가 성공작으로 평가받는 데에는 여러 이유가 있지만, 우선 처음부터 목표와 컨셉이 뚜렷했던 것이 주효했다. 대개는 컨셉이 있다 해도 완성된 후에 덧붙여진 경우가 많다. 아크 힐즈도 결과적으로 보면 완성된 다음에 붙인 것에 가깝다. 게다가 대형 복합개발은 이해관계도 복잡한 데다 예상치 못한 변수도 발생하기 쉽다. 롯폰기 힐즈는 시대가 격변하는 와중에도 '어떻게 하면 세계적인 문화도심이 될 수 있을까'를 두고 끊임없이 고민하고 구현했다는 점에서 그 의미가 남다르다.

그들이 내세운 '문화도심'을 어떻게 정의할 수 있을까? 문화의 정의나 의미부터 대단히 포괄적이다. 가령 도쿄의 하라주쿠, 오모테산도 등에서 보이는 서브컬처 느낌의 길거리 문화는 외국 크리에이터들로부터 재미있고 이색적이라는 평가를 받아왔다. 그러나 아쉽게도 일본에는 그 반대의 성격을 띠는 문화가 부족했다. 제대로 골격이 잡힌, 이른바 하이컬처가 약하다는 것이 지배적 분위기였다. 모리빌딩은 롯폰기 힐즈에서 이 부분을 제대로 보완하고자 했다.

그렇다면 '문화도심'이라는 컨셉에 맞는 도시개발은 어떻게 해야 할까? 모리빌딩은 롯폰기 힐즈를 만드는 과정에서 철저하게 '콜라보레이션'을 의식하며 실행에 옮겼다. 사실 도시는 수많은 이들의 콜라보레이션 그 자체다. 모리빌딩은 다른 생각을 가진 다채로운 사람들이 모여 교류하는 과정이 좋은 도시를 만들어가는 하나의 흐름이 될 것이라 보았다.

아크 힐즈를 개발하던 1980년대 초반부터, 모리빌딩은 외부 전문가들을 초빙하여 모임을 열고 도쿄라는 도시를 바꾸려는 노력을 계속해왔다. 도시개발에서 어떤 관점, 어떤 접근법을 취할지 논의하는 와중에, 세계의 매력적인 도시에는 비즈니스의 중심뿐 아니라 문화적 구심점이 반드시 존재한다는 이야기가 나왔다. 뉴욕이나 파리, 런던 등의 대도시를 둘러보면 메트로폴리탄미술관이나 루브르미술관, 대영박물관 등이 도심의 중추적 역할을 맡고 있음을 알 수 있다. 그와 달리 도쿄는 문화 면에서 중심이라 할 만한 곳이 눈에 띄지 않았다.

분명 일본의 문화는 다른 문화권의 젊은 층에 큰 영향을 미치고 있었지만, 안타깝게도 많은 크리에이터들이 열심히 제작하는 것과 달리 중심이 될 만한 장소가 보이진 않았다. 이때 모리빌딩이 주목한 것이 롯폰기였다. 우선 위치상으로 동측 우에노 지역의 서민 문화와 서측 시부야와 아오야마 지역의 패션, 디자인 등 서브컬처의 중간 지점에 자리하고 있었다. 일본에서는 극히 드문 글로벌한 분위기이자, 어느 정도의 문화적 다양성과 개방성을 갖춘 지역이었다. 롯폰기가 문화도심을 주창하기에 최적의 입지라고 모리빌딩이 확신한 이유다.

둘째, 구겐하임미술관이 아닌 모리미술관

롯폰기 힐즈의 컨셉인 문화도심을 영어로 표현하면 'Artelligent City'다. 단어 그대로 아트와 인텔리전트가 융합한 복합타운이 그들의 목표였다. 모리 미노루는 문화도심을 다음과 같이 정의했다.

"삶과 일 그리고 쇼핑 사이에서 가볍게 세계의 아트를 접하고 최고의 사람들에게서 배우고, 당대의 가장 핫한 사람들과 교류할 수 있는 장소와 기회와 시간이 있는 도시."

모리빌딩은 먼저 문화도심을 상징하는 시설로 무엇을 만들지 논의를 시작했다. 첫 번째 복합개발인 아크 힐즈에서는 국제적 수준의 클래식 전용 콘서트홀 '산토리홀'로 높은 평가를 받았으니 이번에는 미술관을 도입하자는 쪽으로 자연스럽게 방향이 정해졌다. 오너인 모리 미노루 부부가 미술 애호가인 것도 한몫했다. 하지만 미술관은 만들기도 운영하기도 쉽지 않은 상품이기에, 사전 공부를 겸하여 전 세계 유명 미술관을 둘러보며 관계를 맺는 것부터 시작했다. 그런 과정을 거쳐 잡은 방향성이 바로 '기획전 중심의 현대미술관'이었다.

왜 현대미술이었을까? 우선 모리빌딩은 현대미술과 롯폰기 힐즈가 공통점이 많다고 여겼다. 양쪽 모두 '현대'를 기반으로, 거기서 무엇인가를 새롭게 낳으려 계속 시도한다. 롯폰기 힐즈에 모이는 감도 높은 타깃에게도 현대미술이 통할 것이라 보았다.

하지만 현대미술관을 만들려니 해결해야 할 과제가 적지 않았다. 우선 일본의 미술 관계자들 중에도 현대미술관을 반대하는 의견이 지배적이었다. 일본인들은 난해한 현대미술을 주로 다루는 미술관은 잘 가지 않을뿐더러, 일본인에게 인기 많은 인상파 화가의 작품은 가격이 높아서 보유하기 쉽지 않으니 미술관은 포기하라는 조언이었다. 그럼에도 모리 미노루는 자신이 꿈꾸는 문화도심 컨셉을 구현하려면 현대미술관이 반드시 필요하다고 생각해 전 세계 미술관들을 방문, 교류하는 노력을 그치지 않았다. 그때 만난 인물 중 한 사람이 바로 뉴욕 구겐하임미술관의 토마스 크렌스 관장이었다. 당시 그는 미술계의 풍운아 같은 존재였다. 그는 전시내용과 방식을 대담하게 바꾸어 뉴욕 본관뿐 아니라 베니스의 구겐하임미술관을 부흥시키고, 스페인 빌바오에도 도시재생의 앵커사업으로 분관을 기획하고 있었다. 그는 모리 측에도 롯폰기 힐즈에 구겐하임 분관을 낼 것을 제안했지만, 모리 미노루의 최종 결정은 독자적으로 운영하는 모리미술관이었다.

당시 롯폰기 힐즈 사업본부장이었던 모리빌딩 야마모토 부사장은 미술관 결정 과정을 다음과 같이 회고했다.

"무엇보다 구겐하임측 제안은 민간 디벨로퍼로서는 받아들이기 힘든 사업조건이었다. 빌바오 구겐하임미술관의 경우 바스크 정부가 세계적인 건축가 프랭크 게리에게 설계를 의뢰하며 무려 1억 달러의 사업비를 부담했다. 그 밖에 초기 작품구입비로 5000만 달러, 연간 운영비로 1200만 달러, 매 전시회마다 2000만 달러의 작품을 구입하는 조건이 있었다. 도시재생 앵커사업으로 빌바오의 이미지를 바꾸는 데 엄청나게 기여했음을 부인할 수 없지만, 모든 자금을 바스크 정부가 부담하고 이름은 구겐하임 분관으로 한 셈이었다.

아크 힐즈 전략시설인 산토리홀은 근본적으로 달랐다. 모리빌딩의 비용으로 짓긴 했지만 산토리가 적정한 임대료를 지불하고 자기 비용으로 인테리어를 하고 운영 역시 모두 자기 부담으로 하는 구조였다."

모리 미노루는 사업적으로든 향후를 위해서든 어렵더라도 자기 이름을 걸고 미술관을 운영하기로 결정했다. 그러면서도 토마스 관장의 아이디어 중에서 좋다고 생각한 것은 적극적으로 받아들였다. 그중 하나가 전망대와 함께하는 미술관이었다.

단독 건물을 고집한 일본의 미술 관계자와 달리, 토마스 관장은 초고층 꼭대기에 상징적으로 미술관을 두겠다는 모리 미노루의 아이디어에 찬성하며 전망대와 함께 운영할 것을 제안했다. 그렇게 되면 사람들이 찾아오기 쉬울뿐더러 존재감을 높일 수 있고, 미술에 큰 관심이 없는 전망대 관람객들까지 자연스럽게 끌어들일 수 있다는 것이다.

좋은 기획 아이디어는 하나둘 쌓여갔지만, 독자적 미술관을 추진하는 과정에서 또 다른 문제에 부딪혔다. 바로 소장품이 없다는 것이었다. 이를 해결하는 실마리는 의외의 장소인 한국 광주에서 얻었다. 런던의 '로열 아카데미 오브 아트'에서 큐레이터에 의한 기획전의 가

▲공동 입장티켓은 물론 대형 특별기획전도 가능하게 설계된 전망대.

능성을 먼저 확인했고, 광주비엔날레에서 기획전만으로도 100만 명 가까이 집객할 수 있음을 확인한 것이다. 모리 미노루는 값비싼 유명 소장품이 없어도 광주처럼 좋은 큐레이터를 고용하고 굴지의 미술관들과 네트워크를 만들어가면 참신한 기획전이 가능하겠다고 판단, 뉴욕현대미술관MoMA의 컨설팅을 받기로 했다.

20세기 초에 설립된 MoMA는 당시로서는 현대미술에 해당하는 작품들의 전시와 소장을 지속해 세계적인 미술관이 된 사례다. 모리 미술관도 21세기 초 현대미술을 중심으로 기획전시를 거듭해간다면 세계적 미술관으로 성장할 것으로 기대했다. 모리빌딩은 MoMA의 힘을 빌려 세계적 미술관들로 구성된 위원회를 꾸리고 뛰어난 관장과 큐레이터를 고용하여, 각 미술관으로부터 미술품을 빌려와 기획전이 가능한 시스템을 만들었다. 그 결과 오픈 후 4개월 단위로 주제를 바꾸는 기획전 위주로 운영하는 모리미술관Mori Art Museum이 탄생해 지금까지 1년에 3번, 시대를 반영하는 참신한 주제의 기획전을 통해 현대미술의 재미를 지속적으로 전하고 있다.

현재 모리빌딩은 미술관 외에도 전망대와 하늘 위 도서관으로 불리는 아카데미 힐즈, 그리고 멤버십을 도입한 힐즈클럽을 '모리 아트 센터'라는 이름으로 운영하며 시너지 효과를 내고 있다. 나 역시 롯폰기 힐즈에 근무하면서 수준 높은 예술작품과 이벤트, 재미있는 전시

등을 경험하는 기회가 늘었고, 문화시설과 함께하는 삶이 얼마나 풍요로운지 몸소 실감한 바 있다.

모리 아트센터와 관련해 또 하나 높이 평가해야 할 부분은 2003년 오픈한 이래 지금까지 직접 운영을 책임지고 있다는 점이다. 디벨로퍼가 직영한다는 것은 엄청난 사업 리스크를 진다는 의미와 같다. 그럼에도 모리빌딩은 자신들이 세운 컨셉을 유지하기 위해 지금도 새로운 프로그램을 직접 기획, 운영하고 있다. 처음의 의도대로 상품을 만들고 고객평가를 거쳐 적절히 수정하며 지금의 성과를 내는 것이다.

셋째, 다양성과 의외성을 재편집해 걷는 즐거움을 만들다

"미로 같아서 길 찾기가 너무 어려워요."

롯폰기 힐즈를 안내하거나 현장학습을 할 때면 종종 듣는 이야기다. 아주 드물게는 몇 번이나 왔는데 또 헤맸다며 불평하는 분들도 있다. 기획의도를 모르는 일부 전문가는 대규모 복합개발은 필연적으로 복잡할 수밖에 없어서 최대한 동선을 편하게 짜야 하는데 롯폰기 힐즈는 그 점을 간과한 실패한 기획이라고까지 이야기한다.

롯폰기 힐즈는 모리빌딩의 프로듀스 아래 상품별로 당시 세계 최고의 설계사무소들이 협업하여 만들어졌다. 일반 이용객들이 주로 가는 저층부 상업존을 설계한 회사는 미국 LA 기반의 저드 파트너십 JPI이다. JPI는 사람들이 모이고 즐기는 장소 만들기에 특화된 상업시설 설계의 세계적 강자다. JPI는 초기 대표작인 샌디에이고 '호튼플라자'와 후쿠오카의 '캐널시티' 등으로도 유명하지만, 대표 실적으로 항상 롯폰기 힐즈를 자랑스럽게 언급한다. 실제 롯폰기 힐즈로 한국에서 인지도가 올라가 다수의 대규모 프로젝트를 맡았는데, 정작 한국에서는 기대와 달리 "미로 같은 상업공간을 만든 회사군요"라며 공격받을 때도 있다고 사석에서 파트너들이 웃으면서 이야기한 적도 있다.

JPI와 모리빌딩이 실력이 없어서 롯폰기 힐즈를 사람들이 길을 잃는 구조로 설계한 것일까? 당연히 아니다. 그동안의 많은 개발사례처럼 업무, 쇼핑, 호텔 등으로 구역을 나누면 이용객들이 쉽게 다닐 수 있을 것이다. 하지만 그런 곳은 단순한 건물이나 기능의 집합이지 '동네 본연의 모습'은 아니라는 것이 모리빌딩의 생각이었다.

모리빌딩이 처음 시도한 복합개발 아크 힐즈를 운영하면서 가장 아쉽다고 느낀 부분은 상업공간이었다. 아크 힐즈는 하나의 복합단지로서는 성공했다고 평가할 수 있었지만 이를 넘어서지는 못했다.

▲롯폰기 힐즈를 들여다보면 크게는 메인 빌딩인 모리타워를 중심으로 둥글게 돌아가는 회유식 동선 구조로 되어 있다. 직선이나 직각은 적고, 완만한 커브와 원으로 동선이 계속 이어진다고 생각하면 이해가 쉬울 것이다. 게다가 원래 지형에 19m의 높낮이 차이가 있었기에, 이 지형을 살리면서 다채로운 요소를 겹겹으로 쌓아올렸다. 원과 곡선, 그리고 중층 구조이다 보니 처음 방문하는 사람들은 찾기 어려운 미로처럼 느끼는 것도 당연하다.

주변부를 계속 개발하면서 규모를 키워 개발간 연계성을 의도했으나, 여전히 자연스러운 동네의 모습을 만들어가지는 못했다. 그래서 모리빌딩은 롯폰기 힐즈에서는 처음부터 동네개발을 목표로 삼고, 과거 이곳에 살던 주민들과 함께 매우 긴 시간을 갖고 약 3만 평이라는 광대한 캔버스를 새로 그렸다. 물론 의도야 어떻든, 본질은 개발인 만큼 많은 사람들의 비판처럼 기존 동네를 파괴한 것이라 볼 수도 있다. 그럴수록 모리빌딩은 더 큰 기대와 책임을 감내할 수 있는 새로운 '동네'를 그리고자 했다. 지름길도 있고, 걷는 재미도 있고, 다양한 볼 거리가 존재하는 동네 말이다. 그런 노력으로 자연발생적인 동네가 갖는 다양성과 의외성을 높은 품질로 재편집하여 걷는 즐거움이 살아 있는 동네를 만들었다.

롯폰기 힐즈에서 살거나 일하는 사람들도 어쩌면 길을 찾는 어려움에서 예외는 아닐 것이다. 나 역시 5년 동안 롯폰기 힐즈에서 근무하면서 미로 같은 구조에 익숙해졌나 싶었다가도 가끔 발길 닿는 대로 천천히 거닐다 보면 "여기에 이런 공간이 있었나", "여기에 이런 가게가 있었나" 하면서 새로운 곳을 발견한 적이 드물지 않다. 매일 롯폰기 힐즈 어딘가에서 벌어지는 이벤트와 이런 의외성들이 맞물리고 편집되어, 롯폰기 힐즈는 한 번 찾고 끝나는 곳이 아니라 언제라도 찾아오는 재방문객이 많은 장소가 된 것이다. 걸을수록 즐거운 동네라는 매력이야말로 연간 4000만 명이 꾸준히 찾아오는 비결이 아닐까. 쇼핑 일변도로 흘러가는 단순한 구조의 쇼핑몰은 편리할 수는 있어도 쉽게 질리기 마련이다. 실제 거리를 걷는 것처럼 의외성과 우연성을 즐기는 동네 만들기야말로 롯폰기 힐즈가 보여준 새로운 도심개발 모델이다.

"거미 밑에서 만나요." 단순한 건물개발이 아닌 걷는 재미가 있는 동네를 만들다 보니, 롯폰기 힐즈에서 길을 찾기란 아무래도 조금 어렵게 느껴진다. 그래서 처음 오는 분들에게는 그나마 찾기 쉬운, 전철역에서 올라오면 바로 보이는 거미 조각상 아래서 만나자고 약속을 잡는다. 다른 교통수단으로 오더라도 그렇게 한다.

거대한 복합개발의 경우에는 방문했을 때 누구나 알 수 있는 첫 만남의 장소가 중요하다. 차를 타고 오는 사람들도 있지만 롯폰기 힐즈를 찾는 방문객의 대다수는 전철 이용객이다. 이들은 JPI가 설계한 '메트로햇Metro Hat'으로 불리는 거대한 유리 아트리움을 통해 롯폰기 힐즈로 올라온다. 그러면 맞닥뜨리는 첫 공간이 '66광장'이다.

입구 역할을 하는 광장은 강렬한 첫인상을 남기는 것도 중요하지만, 사람들이 편하게 만나는 만남의 광장 역할도 해야 한다. 모리빌딩은 "우리는 단순 오피스나 복합 쇼핑몰이 아니야. 우리는 동네야"

▲롯폰기 힐즈의 입구 격인 도시계획도로 위의 66광장과 거미 모양의 마망.

라고 외치는 듯, 동네 어귀의 큰 나무 아래 친근한 정자처럼 '만남의 광장'을 기획했다. 사람들이 쉽게 만나려면 광장에 알기 쉬운 상징물도 필요하다. 문화도심을 표방한 롯폰기 힐즈에는 다양한 현대미술 작품이 거리의 벤치나 버스 정류소 등에 설치되어 있는데, 66광장의 가장 상징적인 자리에는 조각가 루이스 부르주아Louise Bourgeois의 작품 '마망'이 자리하고 있다. 거미 모양인 마망은 빌바오 구겐하임미술관과 서울 리움미술관에도 있는, 대중에게 꽤 친숙한 작품이다. 모리빌딩은 전 세계에서 온 다양한 사람들이 롯폰기 힐즈에서 거미줄처럼 서로 만나고 연결되어 새로운 것들이 탄생하길 바라는 의미를 담아 마망을 두었다고 이야기한다.

넷째, 롯폰기 힐즈의 성공비결은 글로벌 기업의 유치

지금까지 롯폰기 힐즈의 매력 포인트에 대해 짚어보았다. 알면 알수록 롯폰기 힐즈야말로 규모도 규모지만 오랜 시간 공을 들였기에 사업 리스크가 높았을 거라는 생각을 지울 수 없다. 그렇다면 모리빌딩이 롯폰기 힐즈라는 거대 프로젝트를 사업적으로 성공시킨 핵심은 무엇일까? 말할 것도 없이 안정적인 수익을 낼 수 있는 메인상품이다. 아무리 매력적인 시설을 기획하고 능숙하게 운영한다 해도, 수익을 담보할 수 없으면 지속될 수 없다.

개발 초기, 롯폰기에 거대한 건물이 올라가는 걸 지켜보던 사람들은 "이번에야말로 모리빌딩이 망하는구나"라고 입을 모았다. 개발 전 롯폰기 지역은 외국인 거주지 및 유흥지구라는 인식이 강해 규모 있는 상업시설과 오피스는 들어오려는 시도조차 없던 곳이었다. 그런 동네에 연면적 오피스 10만 평에 상업시설 2만 5000평이 넘는 일본 최대 복합개발을 기획한 것이다. 물론 모리빌딩이 이 지역을 기반으로 오랜 개발 및 운영사업을 해왔기에 가능했겠지만, 가능성만 보고 사업을 추진할 수는 없는 노릇. 가능성을 실제 성공으로 만들어낸 모리빌딩의 치밀한 기획과 실행이 궁금해진다.

모리빌딩 입장에서 사업 리스크를 상쇄할 가장 좋은 방법은 최고의 임대료를 지불하는 테넌트를 유치하는 것이다. 전 세계에서 가장 높은 임대료를 지불하는 회사들은 어디일까? 골드만삭스와 같은 글로벌 투자은행이나 구글, 야후와 같은 글로벌 IT기업과 글로벌 전략컨설팅사 및 법률, 회계자문 회사들이다. 골드만삭스, 구글, 마이크로소프트, 라쿠텐, 소프트뱅크… 이런 회사들이 당시 도쿄에서 최고 임대료를 지불하는 기업이었고 지금도 그러하다. 단순하게 생각하면 이런 회사들이 입주하면 되는 것이다. 그리고 실제로 그들이 들어왔다.

2003년 롯폰기 힐즈 오픈 때부터 골드만삭스, 리먼브라더스가 들어왔고 야후, 라쿠텐, 구글이 뒤를 이었다. 라쿠텐과 구글은 성장해서 단독 건물을 찾아 떠났지만 지금도 골드만삭스, 바클레이는 남아있고, 새롭게 중국 바이두BAIDU와 일본의 그리GREE, 메루카리, 포켓몬 등 시대를 리드하는 기업들이 입주해 있다.

롯폰기 힐즈는 어떻게 세계적인 기업들의 마음을 사로잡았을까? 모리빌딩은 사업 초기단계부터 아크 힐즈에 입주해 있던 골드만삭스 등의 글로벌기업들로부터 오랜 시간에 걸쳐 그들이 원하는 것을 꼼꼼히 듣고 하나씩 준비했다.

일단 그들은 안락한 업무환경은 물론이고, 그 도시에서 가장 좋은 랜드마크 건물에 들어가길 원했다. 다음은 퇴근 후의 생활을 중요시했다. 기본적인 편의시설 외에 5시 퇴근 이후 라이프스타일을 풍요롭게 해주는 감도 높은 상업시설과 문화시설이 있어야 했다. 이에 더해 저녁 있는 삶을 보장하는, 즉 직주근접이 가능한 쾌적한 주거시설과 공원 등이 가까이 있으면 금상첨화였다. 이 모든 것들이 걸어다닐 수 있는 하나의 동네 안에 있다면 글로벌기업들의 선택을 받는 건 당연했다.

사실 모리빌딩의 성공은 아크 힐즈에서의 경험을 기반으로 하고 있다. 아크 힐즈에서 가장 부족했던 상업 및 엔터테인먼트 시설을 보완하고 조금 더 규모를 키워 동네로서의 파워를 강화함으로써, 재개발사업의 리스크를 극복할 수 있었던 것이다. 이런 배경 아래 글로벌 기업 및 인재 유치를 목표로 '오픈 마인드의 글로벌 플레이어가 모이는 24시간 도시라는 컨셉을 실현할 수 있었다.

일본에서 가장 뚱뚱한 건물이 탄생한 비화

"메인 오피스타워가 이렇게까지 뚱뚱할 필요는 없습니다."

롯폰기 힐즈의 메인 빌딩인 오피스타워 설계를 담당한 미국 설계회사 KPF의 콘 대표가 설계 회의를 하던 중 모리 미노루 회장에게 한 말이다. 롯폰기 힐즈 메인빌딩인 모리타워의 사무실은 한 개층이 약 5400m^2(1630평)에 이른다. 50층을 넘는 초고층 빌딩 중에서는 일본뿐 아니라 세계적으로도 한 개층이 가장 넓은 빌딩이다. 참고로 모리타워만의 총 연면적은 약 38만m^2(11만 5000평)으로, 국내 최고층 건물인 잠실 롯데월드타워의 총 연면적인 약 42만m^{2}와 맞먹는다. 모리타워는 54층이고 롯데월드타워는 123층이라는 점을 감안한다면 모리타워가 얼마나 뚱뚱한지 가늠할 수 있을 것이다.

모리타워의 건축에서 특이한 점은 높이제한이 없는데도 용적을 최대한 활용하기 위해 잠실 롯데월드타워처럼 상층부를 좁아지게 끔 설계하지 않았다는 점이다. 일본 최대의 뚱뚱한 오피스 건물을 좁히지 않고 그대로 최상층까지 모두 올렸기에 가장 높은 층 면적도 1600평가량이나 된다.

롯폰기 힐즈가 오픈한 2003년은 미디어에서도 '2003년 문제'라 거론할 정도로 사무실의 공급과잉이 우려되던 시기였다. 하필 한국의 용산국제업무지구와 유사한 '시나가와역 주변 재개발'과 '시오도메 지역 재개발'등 도쿄 도심의 대규모 빌딩이 하나둘 완공될 시점이었다. 마침 같은 시기에, 그것도 오피스가 없었던 롯폰기 지역에 세계 어디에도 없는 뚱뚱한 오피스 설계를 요구하자 이 분야 최고 전문가인 해외설계사 대표조차 불안해한 것이다. 하지만 모리 미노루는 한 개층이 넓은 빌딩이야말로 앞으로 도래할 지식산업시대의 오피스에 반드시 필요할 것이라고 예측했다. 글로벌기업의 유치를 좌우할 키key라 확신한 것이다.

모리빌딩은 롯폰기 힐즈 바로 직전 프로젝트인 아크 힐즈를 만들면서 오피스 한 개층 넓이의 중요성을 인식하기 시작했다. 아크 힐즈의 모리타워는 한 개 층 면적이 약 3800m^2(1150평)이다. 모리빌딩은 수직 녹원도시를 구상하며 건물을 여러 개 짓기보다 하나의 건물로 합쳐서 개발하면 활용할 수 있는 건물 외부공간이 넓어지므로, 건폐율을 줄여서 하나의 건물을 크게 짓는 게 도시계획 관점에서는 더 좋다고 보았다. 하지만 아크 힐즈에서는 처음 하는 시도라 조금은 불안했다. 모리 미노루는 불안감을 극복하고 아크 힐즈를 완성한 후 결과를 이렇게 회고했다.

"아크 힐즈를 완성하자 글로벌 금융기업과 정보통신 등의 첨단 기업으로부터 넓은 한 개층이 큰 호평을 받았고, 위치가 좋은 편이 아닌데도 모든 층이 찼다."

롯폰기 힐즈 모리타워 역시 한 층의 면적이 1600평에 달하기에 어지간히 큰 기업의 본사도 한 층에 모든 기능을 집약할 수 있다. 회사 규모가 더 커서 어쩔 수 없이 2개층을 쓰는 경우에도 층간 계단을 활용해 편하게 오갈 수 있다. 그럴 경우를 대비해 중앙계단실을 밝고 넓게 만들고 사무실 내에도 필요 시 계단을 추가 설치할 수 있도록 사전설계했다.

30초면 오는 기다림 없는 엘리베이터

좋은 기업을 유치하는 것도 중요하지만, 지속적인 사업성을 확보하려면 유치한 기업이 떠나지 않는 것이 중요하다. 공실을 줄이려면 몇 달치 임대료를 무료로 해주는 단순한 금전적 이득이 아니라 사람들이 떠나지 않도록 만들어야 한다. 그러려면 무엇보다 입주한 기업 직원들의 실제 만족도가 중요하다.

입주자들의 만족도를 높이는 요소는 여러 가지가 있겠지만, 오피스 설비 중에서는 엘리베이터를 간과할 수 없다. 출퇴근과 점심시간, 흔히 피크타임이라 불리는 시간대에 아무리 눌러도 오지 않는 엘리베이터는 입주고객의 짜증을 유발하는 대표적인 요소다. 아마 여러분도 엘리베이터가 밀리는 시간대를 피해 다녀본 경험이 있을 것이다. 모리빌딩은 엘리베이터 대기시간을 획기적으로 개선하는 동시에 임대효율도 올리기 위해, 설비회사와 함께 새로운 엘리베이터 시스템인 '슈퍼더블데크 엘리베이터'를 도입했다.

임대사업에서는 수익성 차원에서 기준층의 전용률[1]이 매우 중요하다. 모리빌딩은 오피스빌딩 기준층 전용률을 일반 건물보다 더욱 엄격하게, 최소 75% 이상으로 잡고 있다. 임대수익성을 높이는 쉬운 방법은 전용률을 최대한 높이는 것이다. 하지만 그렇게 하면 복도와 화장실이 좁아지고, 엘리베이터 개수도 줄어들어 품격과 편의성이 떨어지고 빌딩 이용자들의 불만이 높아진다. 모리빌딩은 오피스

1 기준층 전체면적에서 엘리베이터홀과 복도, 계단, 화장실 등 코어 부분을 제외하고 테넌트가 실제 사용 가능한 면적의 비율

운영경험과 관련 연구를 통해 사람들이 엘리베이터가 늦게 온다며 불평하기 시작하는 시간을 약 '30초'라고 파악했다. 그래서 이용객이 가장 많은 출퇴근과 점심시간의 피크타임에도 엘리베이터가 반드시 30초 안에 오도록 기준을 정했다.

사실 30초 안에 오게 하는 건 어렵지 않다. 엘리베이터를 많이 설치하면 된다. 하지만 그렇게 되면 앞에서 말한 전용률이 낮아지고 임대수익률이 떨어진다. 이 둘 사이의 균형을 잡기 위해 롯폰기 힐즈에 도입한 것이 위에서 언급한 '더블데크 엘리베이터' 시스템이다. 쉽게 말하면 하나의 엘리베이터가 들어갈 수 있는 공간에 위아래 수직으로 두 개의 엘리베이터를 겹쳐서 넣는 시스템이다. 이렇게 하면 같은 면적에 탑승용량은 2배가 되어 전용률도 올리고 대기시간도 줄일 수 있다. 초고층 타워로 유명한 시카고의 '시어스타워', 말레이시아의 '페트로나스타워' 등에도 도입되어 있다.

모리빌딩은 항상 그렇듯 더블데크 도입에서도 한발 더 나아갔다. 더블데크는 고층타워에 편리한 장치였지만 모리빌딩이 그대로 도입하기에는 해결해야 할 과제가 있었다. 기존 설비에서는 카고 간의 높이조절이 되지 않아 건물의 전체 분위기를 좌우하는 로비층의 높이를 오피스층 높이에 강제로 맞추어야 했다. 또한 모리빌딩이 계획하는 한 건물 내의 다양한 용도복합도 변수로 작용했다. 상부의 아트센터 미술관과 회의실뿐 아니라 글로벌 금융기관에 필수적인 딜링룸도 높은 층고를 필요로 한다. 이들을 수직적으로 함께 두려면 다양한 층고에 대응 가능한 엘리베이터 시스템을 갖춰야 했다.

이에 모리빌딩은 제조업체 오티스와 4년에 걸쳐 더블데크 엘리베이터의 카고 사이 간격을 최대 2m까지 조절할 수 있는 '슈퍼 더블데크 엘리베이터'를 개발했다. 현재 모리타워에는 자동차도 실리는 초대형 화물용 더블데크 엘리베이터를 포함해 37대의 복층 엘리베이터가 설치되어 운행되고 있다. 피크타임에도 항상 30초 내에 도착하게끔 운행되는 엘리베이터는 이용자들의 만족도를 높이는 것은 기본이고, 여유롭고 품격 있는 공용부를 유지하면서도 기준층 전용률 75% 이상을 충족하는 데 큰 역할을 한다. 수익성과 상품성 모두를 담보하면서 입주자들의 만족도와 빌딩의 가치가 유지되는 것은 이처럼 치밀한 노력의 결과물이다.

엘리베이터 외에도 입주자들의 만족도를 좌우하는 요소는 적지 않다. 그중에서도 모리타워처럼 규모가 큰 임대 오피스 건물에 입주하면 생기는 불만 중 하나가 자기만의 전용 로비가 없다는 점이다. 상당한 임대료를 내는 만큼 자기 빌딩 같은 인상을 주고 싶은데, 건물이 커서 로비를 공용으로 사용하다 보니 한계가 생기는 것이다. 모리빌딩은 이 문제를 해결하기 위해 가장 높은 임대료를 내는 회사에 한해서는 별도 전용로비를 설치할 수 있도록 초기부터 설계했다.

롯폰기 힐즈를 방문해 메인 오피스 로비 좌측을 보면 작지만 품격 있는 로비가 하나 더 보일 것이다. 현재 오피스 최상층부 4개층을 사용하면서 최고 임대료를 내는 글로벌 투자은행 골드만삭스의 '전용로비'다. 이렇게 초기 단계부터 기획해야만 가질 수 있는 대공간 오피스와 기본설비, 별도 로비 등은 모리타워에 입주한 기업들의 만족도를 상승시켰고 낮은 퇴거율이라는 수치로 드러났다.

아울러 2003년 오픈 이후 입주한 글로벌 IB, IT기업들은 계속해서 비즈니스를 확장해가고 있다. 이 건물에 입주함으로써 기업의 품격을 높이고 구인효과를 보기도 했지만, 이들은 대공간이나 다채로운 시설들에 의해 실제 지적생산성이 높아지는 것에 큰 점수를 주고 있다. 임대료가 부담스러운 롯폰기 힐즈 내 레지던스에 직접 거주하는 대신 그 주변에 살면서 롯폰기 힐즈가 표방한 도심에서 일하고 즐기는 사람들의 만족도는 훨씬 더 높다.

분야를 막론하고 일에서도 삶에서도 새로운 전환을 맞고 있는 요즘, 우리에게 진정 필요한 것은 최첨단 건물이 아닌 자연스럽고 다양한 만남을 통해 새로운 아이디어가 끊임없이 태어나는 공간과 도시가 아닐까.

제2의 롯폰기 힐즈와 같은 대규모 개발사업에 성공하려면

지금껏 살펴본 것처럼 롯폰기 힐즈 같은 대규모 개발사업의 성공은 지역 브랜딩을 통해 자산가치도 상승하고 지역도 활성화되는 선순환을 낳는다. 제2의 롯폰기 힐즈처럼 선순환을 이끄는 개발을 하려면 어떻게 해야 할까? 무엇보다 개발의 4가지 부문(비전과 컨셉 설정, 하드웨어 계획, 소프트 계획, 운영)이 일관되게 작동해야 한다. 우선 지역특성을 고려한 단단한 비전과 컨셉이 필요하다. 컨셉에 따라 상품계획이 만들어지고, 이 상품계획에 맞는 전문가들을 기용해야 하드웨어적인 건축계획을 제대로 세울 수 있다. 컨셉에 맞춘 전략시설이 선정되면 운영단계까지 고려한 세부 테넌트 계획이 소프트웨어 계획으로 수립되어 동시에 진행된다.

그런데 우리의 현실은 어떤가. 최근 진정성 있게 접근하는 디벨로퍼들도 많아졌지만, 여전히 현장에서는 컨셉 작성이라고 하면 인허가를 위한 미사여구 나열로 생각하는 경우가 많다. 상품성을 높이고 분양위험을 줄이기 위한 시장조사를 하지 않는 곳은 없다. 하지만 대부분이 사업안정성 확보를 위한 타깃과 가격대를 고민할 뿐, 기존 동네의 자산을 바탕으로 어떤 동네로 바뀌어갔으면 하는 비전을 그리지는 않는다. 그 지역에 어떤 사람이 살면서 어떤 생활을 하고 어떤 라이프스타일을 만들어갈지도 고민하지 않는다.

자연히 그다음 단계인 하드웨어와 소프트웨어 계획에서도 따로 갈 수밖에 없다. 조금 과하게 표현하면 이 단계에서는 컨셉은 이미 잊혀진 상태고, 설계사는 설계사대로 임대대행사는 대행사대로 각자의 영역에서 움직이는 곳들도 많다. 사업주의 의지가 없으면, 테넌트 유치를 담당하는 임대 대행사들도 컨셉보다는 수수료를 빨리 받기 편한 대형 테넌트 위주로 유치할 수밖에 없다. 우리가 보는 대형 시설들이 비슷비슷한 테넌트로 채워져 있는 이유가 이 때문이다. 마지막 단계인 운영단계에서도 일관된 비전과 컨셉 전달은 매우 중요하다. 한국에서는 보통 전문 운영사에 운영을 위탁하는데, 프로젝트 초기에 세운 비전과 컨셉을 제대로 듣지 못한 운영사는 그들만의 방식으로 일상적인 운영에 매진한다. 이처럼 개발의 4분면이 분할되어 제대로 작동하지 못한다면, 한국에서 제2의 롯폰기 힐즈가 탄생할 가능성은 그리 높지 않다. 장기적인 선순환 구조의 좋은 개발을 꿈꾼다면, 사업주는 제대로 된 컨셉을 세우고 그에 맞추어 하드웨어, 소프트웨어 전문사들이 이를 함께 만들어갈 수 있도록 컨트롤하고 지원해야 한다. 우리에게도 아직 좋은 개발을 성공시킬 기회는 충분하다.

롯폰기 힐즈와 함께 보면 좋은 곳들

국립신미술관
아오야마묘지
롯폰기역
롯폰기
아자부다이
니시아자부
아자부주반 상점가
모토아자부
아자부주반역
히로오

❶ **메트로햇과 66광장** : 새로운 복합타운으로의 극적인 진입장치와 품격 있는 첫 입구광장.
❷ **모리미술관과 도쿄 시티뷰** : 새로운 도쿄의 문화도심을 표방하며 만든 하늘 위 현대미술관과 전망대.
❸ **그랜드하얏트 도쿄** : 복합개발 내 호텔로 6층 식당가는 상업몰과 절묘하게 연계되어 있음.
❹ **모리정원과 아레나** : 기존 에도 시대 정원을 살려 끊임없이 지역활성화 이벤트를 펼치는 공원과 광장.
❺ **TV아사히** : 롯폰기 힐즈의 발신력을 강화하는 앵커이자 마키 후미히코 대표작.
❻ **롯폰기 게야키자카 스트리트**: 지역과 함께하는 동네개발을 상징하는 400m 느티나무 가로수길.
❼ **사쿠라자카 공원** : 롯폰기 힐즈와 기존 지역을 이어주는 어린이 공원으로 최정화 작가의 작품.
❽ **롯폰기 츠타야서점** : 복합개발과 기존 지역과의 접점에 들어선 동네 라운지 성격의 서점.
❾ **국제문화회관** : 일본 모던건축 대표작 중 하나로 제2의 롯폰기 힐즈 사업대상지.
❿ **모토아자부 힐즈** : 모리빌딩 첫 도심주거 도전모델로, 특이한 나무 형상의 타워.

사업성과 상품성을 모두 갖춘 최고의 도시재생 플래그십

▶도쿄 미드타운

"죄송한데 솔직히 롯폰기 힐즈보다 도쿄 미드타운이 더 좋아 보여요."

도쿄에서 도시개발 프로젝트 현장학습을 할 때면 종종 듣는 이야기다. 대개는 종합적인 이해를 위해 먼저 롯폰기 힐즈를 보여주고 연이어 이웃한 '도쿄 미드타운'을 비교 사례로 보여주는데, 그럴 때마다 어느 쪽이 더 잘된 프로젝트로 보이며 취향에 더 맞는지 묻곤 한다. 그 이유를 알려달라는 요청과 함께. 결론부터 말하면 둘의 차이를 깊이 있게 설명하기 전까진 7대 3 정도로 도쿄 미드타운의 승리다.

한국에서 온 시찰자들이 도쿄 미드타운을 더 좋게 평가하는 이유는 무엇일까? 사실 규모나 프로그램 면에서 보면 두 사업은 너무도 비슷하지만, 사업의 배경과 디벨로퍼의 사업전략을 살펴보면 사뭇 다르다는 걸 알 수 있다. 우선 전문계 디벨로퍼(모리빌딩)와 대기업계 디벨로퍼(미쓰이부동산)라는 차이도 있지만, 두 사업의 성격 자체가 다르다.

롯폰기 힐즈는 오랜 기간 기존 권리자들의 동의를 구하면서 만들어낸 '재개발형 개발프로젝트'다. 그에 반해 도쿄 미드타운은 모리빌딩의 힐즈 시리즈 성공으로 지역의 가치를 인정받아 땅값이 상승한 후에 옛 국유지를 토지입찰방식으로 고가에 매입해 진행한 '매입형 개발프로젝트'다. 재개발 프로젝트는 토지가 권리변환 방식이기에 시간은 오래 걸리지만, 모리빌딩처럼 대규모 권리자로 참여해 진행하면 개발 전 가치로 토지를 취득할 수 있다. 반면 입찰에 의한 매입형 개발에서는 토지취득을 위해 경쟁회사보다 높은 가격을 제시할 수밖에 없기에, 상대적으로 높은 가격에 토지를 매입하게 된다.

도쿄 미드타운은 롯폰기 힐즈와 사업규모 및 성격이 비슷한 프로젝트였지만, 처음부터 높은 토지가격이라는 핸디캡을 안고 시작했기에 사업성 실현을 위해서는 더 치밀한 세부 전략이 필요했다. 일본 최고의 디벨로퍼로 평가받던 미쓰이부동산의 자존심이 걸린 까다로운 프로젝트였다. 결과부터 말하자면 미쓰이부동산은 이 도전에 멋지게 성공했다. 마스터플랜 단계부터 건물의 설계와 테넌트 선정, 운영에 이르기까지 사업성을 개선하고 상품성도 인정받는 수많은 영리한 전략이 구현되었고, 도쿄를 대표하는 도시재생 플래그십 사례가 되었다.

영리한 개발 1 : 'Diversity On the Green'이라는 컨셉과 녹지 활용

한국의 시찰자들이 롯폰기 힐즈보다 도쿄 미드타운을 높게 평가하는 이유로는 가장 먼저 푸르른 녹지가 주는 쾌적함을 들 수 있다. 실제 녹지면적은 롯폰기 힐즈와 큰 차이가 없지만, 기존의 히노키초 공원과 미드타운 부지 내 녹지를 한 몸처럼 연결했기에 체감되는 광활함이 다르다. 또한 녹지면적을 모두 한곳에 모은 덕에 사업적으로도 실제 건축물이 시공되는 바닥면적을 줄여 공사비를 절감하였다. 'Diversity on the Green'이라는 컨셉처럼, 도심에서 보기 힘든 거대한 공원녹지 속 복합도시를 구현한 것이다.

녹지뿐 아니라 건물에서도 이 거대한 자연Green이라는 요소를 활용해 상품성을 놓치지 않았다. 가령 호텔의 경우 롯폰기 힐즈와 달리 리츠칼튼 호텔 객실은 뷰가 좋은 메인타워의 최상층에 두었지만, 차량 서비스존과 대규모 이용객이 드나드는 연회장은 저층부에 두었다. 대개 복합개발에 들어오는 하이엔드 호텔은 상품성을 고려해 오피스타워의 위쪽에 배치하는데, 그럴 경우 호텔의 저층 입구는 오피스, 상업 등 다른 용도의 공간들과 충돌해 어쩔 수 없이 규모가 줄어든다. 이를 보완하기 위해 도쿄 미드타운에서는 치밀한 마스터플랜으로 공원녹지의 레벨차를 활용했다. 지하1층에 호텔전용 차량 드롭존 및 게이트 로비를 따로 마련하되, 1층 같은 느낌으로 바로 공원에 면하게 한 것이다. 일시적인 대규모 이용객을 처리해야 하는 연회장도 저층부 차량 드롭존 위쪽에 배치하면서 공원을 내려다보는 옥외

▲도쿄 미드타운 공원과 안도 타다오가 설계한 21_21디자인사이트.

테라스도 갖추어 출입의 편의성과 상품성을 함께 높였다.

상업시설의 경우 이곳저곳 분산된 롯폰기 힐즈와 달리, 도쿄 미드타운은 대부분의 점포를 쾌적한 인도어쇼핑몰 한군데에 모아 편의성을 높였다. 동시에 답답하지 않게 '갤러리아'라 불리는 쇼핑몰의 한쪽 끝을 아트리움으로 설계해, 공원 너머의 도쿄 전경을 볼 수 있도록 했다. 사람들을 몰의 가장 안쪽으로 끌어들이는 앵커시설도 일반적인 대형 점포가 아니라 공원과 접한 테라스를 갖춘 유명 레스토랑을 집단으로 유치해 공원녹지의 가치를 최대한 활용했다.

문화시설은 어떨까? 이곳의 '산토리미술관'은 규모는 크지 않지만 일본 전통미술이라는 특화된 주제를 선보인다. 아울러 쇼핑몰과 공원의 접점에 둠으로써, 자연을 차경借景한 '도심 속 미술관' 컨셉을 구현하는 동시에 일반인의 접근도 쉽게 했다. 디자인 허브를 표방한 상품전략으로 유치한 디자인갤러리 '21_21디자인사이트' 역시 건축가 안도 타다오에게 의뢰해 공원과 하나된 건축으로 탄생시켰다. 공원 한편에 자리해 있지만 훌륭한 건축과 전시기획력으로 오랜 시간이 흐른 지금도 많은 여행객과 도심 생활자들의 사랑을 받고 있다. 3만 평이라는 대규모 부지 중에서 (기부채납 공원까지 포함하면) 1만여 평을 차지하는 공원녹지는 전체 대지면적의 약 40%에 달한다. '도쿄 미드타운'이야말로 녹지를 통해 상품성과 사업성, 나아가 공공성을 절묘하게 높인 대표적 사례라 하겠다.

영리한 개발 2: 일본전통의 이미지를 차용해 가성비와 가심비를 충족한 건축

각 건물의 디자인에도 사업성을 고려한 기획을 반영했다. 롯폰기 힐즈는 지역의 새로운 랜드마크가 되는 것이 목표였기에 상징적인 원형타워건물을 메인으로 삼았다. 자연히 저층부도 유기적이고 자연스러운 마을 같은 건축을 표방해 전반적으로 곡선이 많다. 반면 도쿄 미드타운은 미쓰이부동산이 일본 전통 기반의 디벨로퍼라는 점을 감안해 일본 정원의 돌 이미지를 건축 모티브로 채택하고, 각 건물을 사각형 정원석의 느낌으로 디자인했다.

둥근 건축물과 사각형 건축물의 공사비는 단순하게 생각해도 꽤 차이가 날 수밖에 없다. 건물 외부만이 아니다. 롯폰기 힐즈에서는 고급감을 높이기 위해 외부에 이어 내부까지 라임스톤이라는 고급 석재로 벽면을 처리했다. 반면 도쿄 미드타운은 일본 전통건축의 외부격자를 차용한 루버로 외부 유리면을 처리해 장식 효과는 물론 햇빛을 적절히 차단하는 효과도 얻었다. 실내는 일본 대표 전통사찰 도다이지처럼 거대한 나무기둥과 대나무 바닥, 일본 전통종이 느낌의 벽면으로 꾸몄는데, 품격 있고 고급스러운 공간의 대부분은 라임스

톤보다 시공비용이 저렴한 무늬목으로 처리한 것이다.

하지만 이 공간을 보면서 가성비를 떠올리는 사람은 없을 것이다. 그보다 돌과 대나무 소재 바닥과 거대한 나무기둥들로 이루어진 대나무 숲을 거닐고, 거대한 유리 아트리움 너머로 멋진 공원과 도쿄 전경을 바라보면서 품격 있고 장엄하면서도 편안하다고 입을 모은다. 미쓰이부동산은 마스터플랜만이 아닌 건축과 실내공간에서도 영리한 전략으로 탁월한 결과물을 보여주었다.

영리한 개발 3: 알기 쉽고 편리한 동선의 쇼핑몰

이용객들이 미드타운을 더 높게 평가하는 요소 중 하나로 상업공간도 무시할 수 없다. 앞서 개발된 롯폰기 힐즈와 여러 면에서 달라야 했던 도쿄 미드타운은 롯폰기 힐즈에서 가장 논란이 된 복잡한 동선구조를 극도로 단순화함으로써 차별화를 꾀했다. 쇼핑몰이 아닌 실제 동네를 걷는 느낌을 주고자 한 롯폰기 힐즈의 의도는 좋지만, 자주 이용하는 거주자와 주변 거주민이 아닌 일반 방문객은 길을 헤매기 쉽다는 단점이 있다. 그에 반해 도쿄 미드타운은 이용자들이 가장 많이 접근하는 전철역과 지상부 도로에서 누구라도 어렵지 않게 각 시설물을 찾아가고 이용할 수 있게끔 계획했다.

물론 전철과 만나는 도입부의 도시계획도로를 넘어가야 하고 부지 내에서도 경사차가 많이 나는 롯폰기 힐즈와 상대적으로 큰길에 넓게 접한 도쿄 미드타운을 단순 비교하기란 어렵다. 하지만 5개 동의 건물에 다양한 프로그램이 들어가야 하는 대규모 복합개발의 특성상 도쿄 미드타운의 동선계획도 쉽지 않았을 것이다. 복합개발 분야에서 롯폰기 힐즈를 설계한 KPF와 쌍벽을 이루는 미국 설계회사 SOM은 각 건물 사이를 동네 같은 분위기로 만들기 위해 가로화하면서도 직관적으로 이용할 수 있도록 계획했다.

조금 더 자세히 살펴보자. 방문객은 전철로 오든 도로에서 걸어오든, 입구에 조각품이 놓여 있는 진입광장을 만난다. 조각품 바로 옆에는 인포메이션 센터가 눈에 띄는 곳에 있어 언제든 도움을 받을 수 있다. 광장을 지나 내부로 들어가면 지하에서도 지상에서도 각 오피스의 메인 로비와 상업몰과 컨벤션 및 호텔 입구를 한눈에 알 수 있다. 길을 잃기가 어려울 만큼 동선구조가 명확하고 알기 쉽게 되어 있다.

가장 이용자가 많은 쇼핑공간의 차이도 극명하다. 롯폰기 힐즈가 동네 전체에 흩어져 있는 느낌이라면, 도쿄 미드타운은 '갤러리아라는 공간에 전체 점포의 70% 이상을 집약 배치했다. 갤러리아 자체도

▲일본 전통을 차용한 고품격 인테리어와 밝은 빛이 쏟아지는 개방형 구조인 도쿄 미드타운 갤러리아.

한쪽은 롯폰기역 쪽 중심거리에 면해 있어 접근하기 편하고, 다른 한쪽 역시 거대한 녹색공원에 면해 있고 밝은 빛이 전층에 쏟아지는 4층 개방형 단일몰 구조라 찾기 쉽다.

상업MD 측면에서도 명품 브랜드가 많은 롯폰기 힐즈에 비해, 도쿄 미드타운은 '도심에서의 고품격 일상'을 컨셉으로 친근감을 더했다. 우선 중심도로에서 보면 지하이지만 끝단 공원 측에서 보면 자연스럽게 1층이 되는 지하1층의 상업공간을 하나의 활기찬 도심시장처럼 구성해 도심 생활자들의 생활편의성을 충족시켰다. 또한 엄선된 1, 2층의 패션부문 외에 3층에는 제안성 높은 가구 및 생활잡화 점포들을 두었고, 2층에는 공원에 면한 뷰티클리닉존을 배치하여 고품격 도심 라이프스타일을 즐기려는 소비층에게 편의성과 다양성을 제공했다. 이로써 공간과 테넌트 모두 품격과 편안함을 갖추는 데 성공했다는 평가를 받았다.

영리한 개발 4: 힘든 직영이 아닌 임대 테넌트를 유치한 전략시설

전략시설에서도 미쓰이부동산은 후발주자의 이점을 살려 무리하지 않고 주요 시설을 유치하는 데 주력했다. 도쿄 미드타운은 롯폰기 힐즈의 '문화도심' 컨셉에 대응하여 전통의 디벨로퍼가 펼치는 새로운 복합개발을 내세우며 '재팬 밸류Japan Value를 발신하는 거점'을 목표로 삼았다. 이 목표 실현을 위한 전략적 시설로 일본 고미술 컬렉션 중심의 '산토리미술관'을 필두로 일본 디자인의 현재를 발신하는 '21-21디자인사이트', 그리고 후지필름이 운영하는 사진갤러리 '후지필름스퀘어'를 유치했다. 모든 것을 직접 기획, 개발하고 운영하는 모리빌딩의 모리미술관, 아카데미힐즈 등과 달리, 이들은 디벨로퍼의 운영부담을 줄여주는 임대 테넌트들이다. 사교를 위한 전략시설을 보아도 롯폰기 힐즈가 멤버십클럽을 직접 운영한다면, 도쿄 미드타운은 라이브 음악과 함께 도쿄 전경을 내려다보며 식사하는 '빌보드 도쿄'를 전략 테넌트로 임대, 유치했다. 비슷한 화제성을 유도하면서도 디벨로퍼의 부담은 최소화하는, 에도 상인 출신다운 영리한 사업전략이다.

도쿄 미드타운이 오픈한 이후 한국에서 방문한 많은 분들이 도쿄 미드타운의 완성도에 놀라워하면서, 롯폰기 힐즈의 실적에 영향이 있는지 궁금해한다. 답변을 듣고 나서는 예상과는 다르다며 더 놀라워한다. 오피스 및 상가 임대료와 공실률, 상업시설 평효율, 호텔 가동률 등 숫자상의 성적에서 두 시설이 거의 유사하게 일본 내 최고 수준을 유지하고 있기 때문이다.

흔히 주요 동선에 다니는 사람 수를 보면서 그 시설의 활성화를 평가하기도 하는데, 도쿄 미드타운은 동네가 컴팩트하고 점포가 대부분 갤러리아와 플라자에 모여 있어 항상 활기차 보이는 반면, 분산된 구조의 롯폰기 힐즈는 시간대에 따라 시찰자들이 염려할 만큼 사람이 적은 장소도 있다. 그런데 롯폰기 힐즈 상업 담당자들에게 이런 피드백을 들려주면 억울해한다. 이들은 두 시설의 '평효율(점포 전용면적 기준 1평당 평균 월매출액으로 상업시설에서 가장 중요시하는 수치)'이 거의 동일하다는 점만 봐도 롯폰기 힐즈가 얼마나 잘하고 있는지 알 수 있다고 주장한다. 타운센터를 표방하며 3만 평 부지 전체에 고르게 210여 개의 점포를 배치한 롯폰기 힐즈에는 어쩔 수 없이 주요 동선에서 벗어난 점포가 있을 수밖에 없다. 좋지 않은 위치의 점포를 품고 있는 데다, 상업시설 면적이 5000평이나 큰데도 같은 평효율을 낸다는 건 보통 어려운 일이 아니라는 것이다.

한편 도쿄 미드타운은 롯폰기 힐즈와의 차별화로 '알기 쉬움'을 택하다 보니 또 다른 과제를 안고 있다. 처음 찾은 방문객들에게는 시원시원한 넓은 공원을 품고 있고 다니기 쉬운 도쿄 미드타운이 더 좋아 보일 수 있지만, 이러한 하드웨어적 장점은 역설적으로 매일 생활하는 단지 내 사람들과 주변 사람들에게는 너무 익숙하게 느껴져 질리기 쉽다는 단점이 된다. 이를 극복하기 위해서는 신선함을 유지하기 위한 소프트웨어적 노력이 필요하다. 디벨로퍼의 또 다른 과제가 되는 셈이다.

롯폰기의 사계절을 바꿔놓은
두 복합개발의 타운 매니지먼트

도쿄 미드타운은 선두주자인 롯폰기 힐즈의 건축과 상품계획뿐 아니라 활성화 프로그램인 '타운 매니지먼트'에서도 비슷한 듯 다른 기획을 펼치고 있다. 지역 거주민과 방문하는 사람들 모두 매력을 느낄 만한 프로젝트가 연중 부지 전체에서 펼쳐진다.

지역민들을 위해 롯폰기 힐즈가 아침에 이벤트 광장에서 태극권을 한다면, 도쿄 미드타운은 잔디광장에서 아침과 저녁으로 요가를 준비했다. 두 복합개발은 계절이 바뀔 때마다 서로 경쟁하듯 그에 맞는 기획을 매년 쏟아내고 있다. 봄에 롯폰기 힐즈가 에도 시대 정원을 되살린 모리가든에서 벚꽃행사를 열자, 도쿄 미드타운은 정원의 벚꽃나무를 최대한 활용한 벚꽃나무 터널로 맞불을 놓았다. 일본의 무더운 여름은 자연스럽게 맥주의 계절이 된다. 선행 오픈한 롯폰기

▼지역활성화를 위한 다양한 타운 매니지먼트 활동이 펼쳐지도록
외부 녹지와 하나되게 기획된 도쿄 미드타운의 외부공간과 잔디광장.

힐즈가 매년 여름 유명 맥주회사와 이벤트 광장인 아레나에서 '비어가든'을 열어 효과를 보자, 후발주자인 도쿄 미드타운도 유명 주류업체와 함께 '숲속 비어가든'을 컨셉으로 내걸고 반격에 나섰다. 그리고 미드타운 가든의 수경시설을 활용해 족탕을 만들어 화제를 모았다. 그러자 다시 롯폰기 힐즈도 모리정원의 연못 위에 여름 한정 데크를 설치하여 운치 있는 '물위의 비어가든'으로 대응했다. 가을에는 롯폰기 힐즈가 글로벌 테넌트의 특성을 살려 핼러윈 축제를 성대하게 펼친다면, 도쿄 미드타운은 가을밤 넓은 잔디밭에서 '미드타운 파크 시네마'를 개최한다.

두 디벨로퍼의 경쟁이 가장 불붙는 시기는 겨울일 것이다. 롯폰기 힐즈는 오픈 첫해인 2003년 겨울부터 400m에 달하는 느티나무 가로수길을 활용해 기존의 일본 크리스마스 장식과 차원을 달리하는 환상적인 겨울 일루미네이션을 기획해 큰 화제를 불러모았다. 한때 '크리스마스는 롯폰기 힐즈에서'가 연인들의 공식이 될 정도였다. 그러자 도쿄 미드타운은 롯폰기 힐즈보다 넓은 외부공간을 활용해 가든 전체를 거대하고 화려한 일루미네이션으로 꾸며 반격했다. 그 규모와 화려함이 워낙 압도적이라 매년 겨울 도쿄 미드타운 공원은 말 그대로 사람들로 넘쳐난다. 롯폰기 힐즈는 일루미네이션에서 밀리자 독일, 핀란드 등 유럽 각국의 대사관들과 함께 화려한 '크리스마스마켓'을 열어 사람들을 모으고 있다. 치열한 이벤트 전쟁 덕분에 롯폰기 지역은 사계절 언제 찾아도 즐길 거리가 끊임없이 펼쳐지는, 최고로 핫한 지역이 되었다.

경쟁자가 아닌 '지역' 발전의 파트너

2007년 도쿄 미드타운이 오픈하자 모리빌딩은 사람들의 예상을 깨고 타운 매니지먼트의 일환으로 발간하는 지역정보지 〈힐즈라이프〉에 경쟁시설인 도쿄 미드타운과 점포 소개를 실었다. 도쿄 미드타운 역시 오픈 홍보자료에 롯폰기 힐즈를 포함한 롯폰기 전체의 볼거리, 즐길 거리를 종합적으로 소개했다. 서로를 경쟁자가 아닌 지역 내 파트너로 인식했기에 가능한 활동이었다.

일본의 디벨로퍼들은 1990년대 버블붕괴에 이어 2000년대 이후 부동산금융위기 등이 계속되자 지속적인 자산가치 상승에 대해 고민하기 시작했다. 단기적인 분양이익도 중요하지만 장기적인 운영수익과 매각 시 매각이익을 고려해야 했기 때문이다. 이 목표를 달성하려면 교외보다는 도심에 안정적인 자산을 확보해야 했다. 2000년대 이후 도심에 개발사업이 집중된 것도 그 때문이다. 아울러 개발과

정을 통해 한 가지 사실을 깨달았다. 아무리 멋진 건축설계를 하고 상품을 만들어도 지역에 대한 인식이 변하지 않으면 임대수익과 자산가치 상승에 한계가 있다는 것이다. 그동안 같은 지역에서 경쟁했던 건물주와 디벨로퍼들이 함께 지역의 이미지를 바꾸고 어떻게 활성화할지 고민하기 시작한 것도 이 때문일 것이다.

우리나라의 광복절이자 일본의 추석인 8월 15일 전후에 롯폰기에 가면, 롯폰기 힐즈 메인 이벤트 광장인 '힐즈아레나'부터 남측의 아자부주반 상점가까지 추석맞이 동네축제인 '오봉마츠리'가 성대하게 열린다. 매년 5월 세 번째 주 금요일 밤이면 롯폰기 동네 전체가 밤새 열리는 예술축제 '롯폰기 아트 나이트'로 활기를 띤다. 이는 롯폰기 힐즈나 도쿄 미드타운만이 아닌 롯폰기 지역 전체를 무대로 한 공동 이벤트로, '밤의 동네'라는 롯폰기의 부정적 이미지를 역으로 활용하여 새롭게 들어선 문화시설들이 연합해 펼치는 지역활성화 전략이다. 도쿄도가 기획하고 롯폰기 힐즈의 모리미술관, 도쿄 미드타운의 산토리미술관, 새롭게 들어선 국립신미술관 등이 중심에 서며, 그 지역의 동네자치회와 상점가도 함께한다. 오봉마츠리도 마찬가지다.

하나의 점이 만들어내는 자력에는 한계가 있지만, 여러 점이 선으로 이어지고 면으로 확산되면 아시아와 세계로부터 사람을 끌어모으는 자장이 되어 강한 자력이 발생하는 법. 모리빌딩은 이미 아크 힐즈와 그들이 만든 최초의 상업시설인 '라포레 하라주쿠'를 통해 하나의 자석이 지역과 함께 노력함으로써 거대한 자장이 되는 모습을 확인한 바 있다.

이러한 경험을 기반으로 롯폰기 힐즈에서는 좀 더 전략적이고 본격적인 지역활성화 전략을 구현하기 위해 타운 매니지먼트 본부를 꾸려 의미 있는 변화를 시도했다. 그러나 홀로 지역의 이미지까지 완전히 바꾸기에는 한계가 있었고, 그런 관점에서 볼 때 새롭게 들어선 비슷한 규모의 복합개발 도쿄 미드타운은 경쟁상대가 아니라 지역의 가치를 함께 끌어올리는 동지였다. 일본 최고 디벨로퍼인 두 회사가 함께함으로써, 롯폰기 지역은 자연과 문화를 기반으로 한 새로운 도심 라이프스타일의 중심으로 완전히 변신할 수 있었다.

전략시설과 상품개발에서도 지역활성화를 염두에 두었다. 롯폰기 힐즈가 초기 활성화를 위한 선도적 프로젝트로 대규모 현대미술관과 전망대, 영화관을 두었다면, 도쿄 미드타운에는 보완적 관계로 이들과 충돌하지 않는 대형 공원과 전통미술관, 디자인 및 사진 갤러리가 들어왔다. 정부도 보유부지에 국립신미술관을 개발함으로써 민관이 함께 새로운 문화도심 탄생과 활성화를 꾀했다. 이러한 흐름을 거치며 2000년대 롯폰기, 마루노우치, 니혼바시가 도심의 활기찬 동네 및 지역으로 진화하였고, 최근에는 시부야에 이어 신주쿠와 이케부쿠로가 지역단위의 진화를 꿈꾸고 있다.

최근 서울에서도 성수동, 삼성동, 강남역, 여의도, 용산역, 광화문 등이 동네 단위, 지역 단위로 인식되기 시작했다. 그러나 여전히 우리에게는 이들 지역을 이끌어가는 명확한 민간 주체가 눈에 띄지 않는다. 현재 일어나고 있는 큰 변화의 흐름을 각 지역의 건물주와 디벨로퍼들이 인식하여, 경쟁자가 아닌 파트너로서 함께 큰 그림을 그리고 긴 호흡으로 동네와 지역의 활성화를 꾀했으면 하는 바람이다.

도심의 매력을 회복해 도시경쟁력을 높이다

2023년 초에 한 언론사가 주최한 도시경쟁력을 논하는 심포지엄에 참석한 적이 있다. 한 발제자가 오랜만에 롯폰기 힐즈와 도쿄 미드타운 이야기를 사례로 꺼냈다. 도시경쟁력을 키우려면 서울의 전략적 장소에 롯폰기 힐즈, 도쿄 미드타운 같은 민간주도의 복합개발을 유도해야 한다는 취지였다. 일본경제의 '잃어버린 20년'을 극복하기 위해 정치권에서 도시경쟁력이라는 단어가 등장한 20여 년 전 일본의 상황과 지금의 서울을 비교하면 유사한 부분이 많아 보인다. 성공적인 복합개발을 위해 롯폰기 힐즈와 도쿄 미드타운 프로젝트가 만들어낸 사업적 성과 외에 사회적 의의는 무엇인지, 자연스럽게 떠올려보게 되는 이유다.

첫 번째로는 민간이 주도한 도시재생사업이지만, 글로벌기업과 인재들을 불러모으는 매력적인 도심을 재창조해 도시경쟁력을 강화하는 데 기여했다는 점이다. 연간 4000만 명을 불러모은 롯폰기 힐즈 외에 도쿄 미드타운이 보여준 집객파워와 공공기여 요소들이 새로운 국가전략의 동력이 된 것은 당연하다.

두 번째는 개별건물이 아닌 동네를 기반으로 한 '타운 비즈니스'를 통해 지역과 함께 성장하는 민간 디벨로퍼의 존재를 알리는 계기를 만들었다는 것이다. 롯폰기 힐즈는 문화도심을 민간 비즈니스로 실현했고, 도쿄 미드타운도 '재팬 밸류'를 화두로 자연과 문화가 함께하는 민간 차원의 타운개발과 운영모델을 성공적으로 구현했다. 지역브랜드가 생겨나면서 그동안 사회적 인식이 좋지 않았던 민간 디벨로퍼들에 대한 재평가가 이루어졌고, 이들의 사회적 역할도 주목받기 시작했다.

마지막으로는 도심에서 일하고 즐긴다는 직주근접형 라이프스타일을 통해 도심의 매력을 회복시켰다는 점을 들 수 있다. 이른바 도심회귀 현상이다. 그동안 일본은 도심 쇠퇴의 근본적 원인으로 도심에 집이 사라진 도심 공동화를 꼽았다. 롯폰기가 위치한 미나토구 역시 고도경제성장기에 교외 신도시가 개발되면서 심각한 공동화를 겪은 곳이다. 집이 사라지면 학교와 병원, 시장 등 생활 인프라가 줄어들고, 그러면 사람들이 더 떠나가는 악순환에 빠진다. 도심을 새롭게 활성화하려면 먼저 좋은 집과 생활 인프라 구축이 필요한데, 롯폰기 힐즈는 도심 주거기능을 회복하는 데 반드시 필요한 주거상품에서 새로운 장을 열었다는 평가를 받았다. 아크 힐즈에서 새로운 직주근접형 복합개발모델이라는 시도는 있었지만, 여전히 일본인들은 교외의 단독주택에 사는 것을 더 높이 평가했다. 하지만 롯폰기 힐즈에서는 '도심에 산다'는 의미를 인식시키는 한편, '복합개발에 산다'는 것을 좀 더 종합적이고 진화된 형태로 보여주었다.

롯폰기 힐즈가 오픈한 이후, 롯폰기 힐즈 내 오피스타워에서 근무하면서 주택에도 사는 사람들을 '힐즈족'이라 불렀다. 이들의 새로운 라이프스타일은 일본 사회에 큰 반향을 일으켜, 이후 도심의 고층아파트 및 하이엔드 레지던스 붐이 크게 일었다. 기획 단계에서는 도심의 고층 주거모델이 주로 외국인들에게 인기 있을 것으로 예상했는데 실제로는 내국인 입주자 비율이 더 높게 나왔다. 새로운 가치관을 지닌 젊은 내국인 부유층들은 도심 한가운데 복합개발의 고층 타워아파트에서 누리는 라이프스타일에 뜨겁게 반응했고, 이후 본격적인 도심회귀 현상으로 이어졌다.

도쿄 미드타운도 다양한 유형의 주거상품을 도입했는데, 이때에도 직영보다는 외부의 힘을 적극 활용한 것이 눈에 띈다. 미드타운의 경우 리츠칼튼 호텔의 브랜드 파워를 활용한 하이엔드 임대주택부터, 장단기 부임자들을 위해 가구가 갖춰진 서비스 레지던스도 오크우드에 맡겨서 운영하고 있다. 최근에는 기존 부지와 접한 재개발지구에 새로운 하이엔드 고층 분양주택을 개발해 높아진 지역가치를 최대한 활용하고 있다. 도심 공동화의 대표 격이었던 미나토구는 이제 여기에서 사는 것을 동경하는 도심회귀의 대표적 사례가 되었다.

일본 도심복합개발의 대명사인 두 프로젝트는 그 규모만큼이나 우리에게 많은 이야깃거리와 공부할 거리를 준다. 도쿄 롯폰기를 방문한다면 이러한 해석과 배경을 참고하여 여러분의 관점에서 두 사업지를 냉정하게 비교, 평가해보길 바란다. 여러분은 어느 곳이 더 마음에 드는가?

도쿄 미드타운과 함께 보면 좋은 곳들

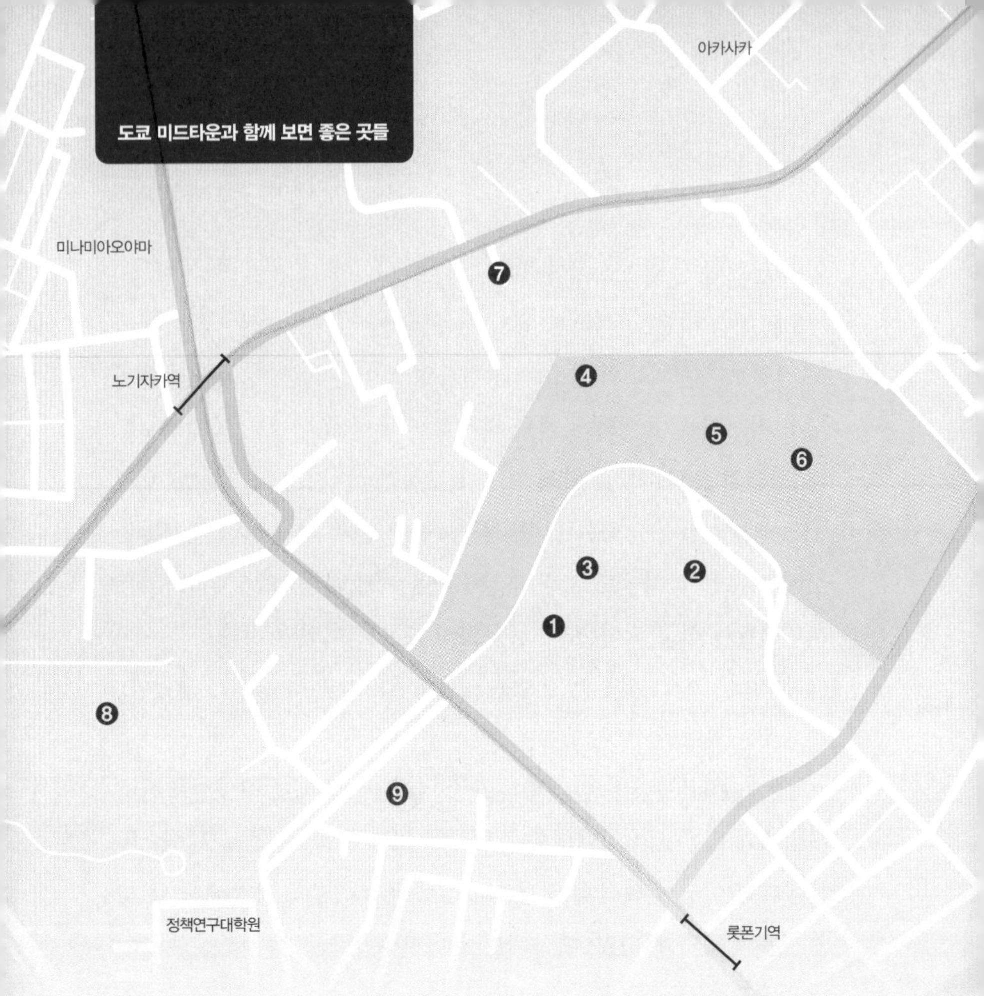

아카사카

미나미아오야마

노기자카역

정책연구대학원

롯폰기역

❶ **도쿄 미드타운 갤러리아** : 알기 쉬움과 전통의 재해석을 통해 완성된 상업시설.

❷ **리츠칼튼 도쿄** : 별동 주거동과 함께 도쿄 미드타운의 품격을 높인 전략시설.

❸ **산토리미술관** : 일본 전통 컬렉션에 특화된 복합개발에 녹아든 미술관.

❹ **21_21 디자인사이트** : 디자인허브 컨셉에 맞춰 들어선, 안도 타다오 설계의 공원을 배려한 전시공간.

❺ **도쿄 미드타운 가든과 잔디광장** : 지역활성화 이벤트 무대로 함께 기획된 도심 속 공원과 녹지.

❻ **히노키초 공원** : 도쿄 미드타운 가든과 대비되는 전통정원 컨셉으로 함께 재개발된 공원.

❼ **파크코트 아카사카 히노키초 더 타워** : 도쿄 미드타운의 개발효과를 누리며
연접, 재개발된 하이엔드 주거타워. 외부 파사드 및 공용부는 구마겐고 작품.

❽ **국립신미술관** : 대형 기획전 중심의 국립 미술관.
물결치는 파사드와 아트리움은 구로카와 기쇼 작품.

❾ **덴소 신사와 블루보틀커피 롯폰기** : 3개 미술관을 연결하는 아트트라이앵글의
중심점에 재개발사업과 함께 커뮤니티 중심으로 재건축된 신사와 카페.

PART 2

역사적 콘텐츠를 기반으로 재탄생한 거리

도쿄의 얼굴과 현관을 대표하는 품격

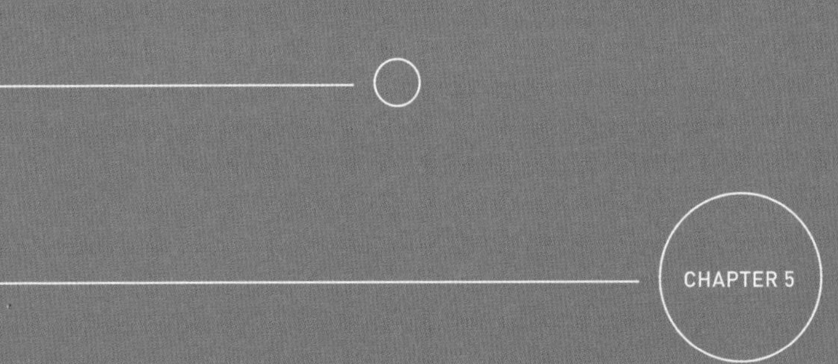

▶마루노우치 마루빌딩과 도쿄역

흔히 나이가 들면 자기 얼굴에 책임을 져야 한다고 이야기한다. 얼굴을 보면 그 사람이 살아온 날들이 보인다는 말도 있다. 어디 사람뿐일까. 도시도 마찬가지다. 그중에서도 국가의 수도는 그 나라를 대표하기에 더욱더 품격을 갖추어야 한다.

그렇다면 우리나라를 대표하는 도시 서울의 얼굴은 어디일까? 경복궁 앞 광화문광장을 떠올리는 분들이 가장 많을 듯하다. 최근 광화문광장은 수도 서울의 얼굴에 걸맞게 한쪽 도로를 광장으로 확대하고 월대까지 복원하며 한층 품격을 높였다. KT 등 주변 건물들도 재건축에 들어가면서 광화문 주변의 분위기는 한층 달라지고 있다.

그런데 앞의 질문에 다른 곳을 떠올린 분들은 없을까? 예컨대 서울역 같은 곳 말이다. 각 도시에는 '현관'이라 불리는, 외부에서 어느 도시에 갈 때 처음 마주치는 또 다른 얼굴 같은 공간도 있다. 서울로 치면 서울역과 강남 고속버스터미널 등이 그런 곳이다. 서울의 또 다른 얼굴이자 현관인 서울역은 옛 서울역을 문화공간으로 만들고 자동차용 고가도로를 보행공간으로 바꾸는 등의 노력을 하고 있지만, 수도의 중앙역으로 보면 다소 아쉬움이 느껴진다. 고질적인 노숙자 문제와 GTX 공사 외에도 내외부 공간과 환승센터 등 도시계획적으로 해결해야 할 문제가 적지 않아 보인다. 이때 참고할 만한 지역과 공간이 어디 있을까? 가장 가까운 곳이 도쿄의 도쿄역이다. 도쿄역과 그 앞의 마루노우치 지역은 일본의 수도 도쿄의 현관과 얼굴이라 할 수 있다.

일본 최고의 오피스 거리 마루노우치의 흥망성쇠

만일 일본 회사원에게 어디서 근무하는지 물어보았을 때 '마루노우치'라는 답을 들었다면, 그 지역에 대한 은근한 자부심을 갖고 답했다고 봐도 좋을 것이다. 일본인들은 '마루노우치 오피스 거리'라고 통칭하지만, 엄밀히 말하면 북측의 오오테마치에서 시작해 중앙의 마루노우치, 그리고 남측의 유라쿠초까지를 포함한 여의도쯤 되는 24ha 업무지구까지를 일본 최고의 비즈니스 거리 '마루노우치'로 볼 수 있다. 이 지역에 입주한 기업군은 주로 금융과 언론사, 대기업으로, 4100여 개 회사와 25만 명이 밀집한 일본경제의 중심이자 세계적인 업무지구다.

이 땅 전체의 70% 이상을 소유하며 마루노우치의 성공과 쇠퇴, 그리고 최근 부활의 스토리를 쓴 회사가 터줏대감 미쓰비시그룹과 디벨로퍼 '미쓰비시지쇼'다. 우리로 치면 광화문 정부종합청사에서 시작하여 세종대로변 교보빌딩, 서울프레스센터, 시청 앞 플라자호텔,

남대문 삼성빌딩, 서울역 앞 서울스퀘어빌딩까지를 한 회사가 모두 소유하고 있다고 생각하면 이해하기 쉬울 것이다.

마루노우치는 도쿄를 대표하는 비즈니스 거리인 만큼 일본의 사회적, 경제적 상황을 고스란히 반영해왔다. 도쿄역 주변 마루노우치를 걷다 보면 새롭게 지은 건물 저층부의 높이가 일정한 것이 눈에 띄는데, 1919년 시가지건축물법을 제정하면서 건축물의 최고 높이를 100척(31m)으로 정했기 때문이다. 한때 동양 최고이자 최대 빌딩으로 불리었던 마루빌딩(1923년)과 연이어 지어진 일본우선빌딩도 건물 높이가 31m로 똑같았다. 1923년 관동대지진 이후에도 메이지생명 본사빌딩(1931년) 등 31m짜리 거대한 석조 빌딩 개발이 계속되어 마루노우치는 한때 뉴욕의 번화한 오피스 거리처럼 느껴졌다. 잇초뉴욕(리틀 뉴욕)으로 불린 것도 이러한 이유다.

그러다 2차 세계대전 때 폭격을 맞아 폐허가 된 후 새로운 비즈니스 거리로 재탄생하면서 품격 있고 장중한 '31m 마루노우치 스카이라인'은 사라지기 시작했다. 1960년대 경제부흥을 맞으며 오피스 수요가 급격히 증가함에 따라 더 높은 용적의 더 높은 건축물이 필요했고, 건축기술도 뒷받침된 덕분이다. 기존의 100척 건물들은 바로 옆에 위치한 황궁의 경관을 고려하여 100m라는 새로운 상한선을 기준으로 차례차례 재건축되었다. 그 결과 모던한 고층 오피스빌딩 거리로 탈바꿈하는 데는 성공했지만, 예전의 일정한 스카이라인이 만든 품격 있던 동네경관은 사라질 수밖에 없었다. 게다가 새롭게 들어선 대부분의 건물 1층에는 금융기관과 오피스 로비가 들어오는 바람에 은행이 문을 닫는 오후 3시 이후와 주말에는 거리에 사람이 없는 썰렁한 동네로 바뀌어갔다.

그럼에도 일본경제 버블기인 1980년대에 마루노우치 지역의 미쓰비시 계열 빌딩에 들어가고 싶어 하는 오피스 수요는 최고조에 달했다. 당시 입주대기 리스트는 지역 최대 건물인 마루빌딩 3개 동을 채울 정도였다고 한다. 도쿄 중심이라는 상징성과 편리한 교통, 품격 높은 건물에 최고의 기업들이 모여 있는 마루노우치에 입주하는 것이 일종의 지위로 작용한 시대였다.

하지만 1990년대 이후 일본경제의 거품이 빠르게 빠지면서 상황이 돌변했다. 에비스, 시나가와, 시오도메, 롯폰기 등 새롭게 재개발된 지역의 첨단기술을 도입한 빌딩으로 기업들이 빠져나가기 시작한 것이다. IT화와 불경기로 인한 임대료 절감이라는 니즈가 들어맞아 마루노우치에서 주요 기업이 하나둘 떠나기 시작했고, 마루노우치는 검은 양복을 입은 회사원만 다니는 오래된 오피스 동네라는 이미지로 각인되었다. 반면 롯폰기, 에비스 등 신흥 재개발지역은 낮에도 밤에도 다양한 사람들이 일하고 즐기는 세련된 동네라는 인식이 퍼져나갔다. 왕성한 오피스 수요에만 대응하다 보니 어느 순간 활기라고는 찾아볼 수 없는, 모여서 일만 하는 외로운 동네로 변해버린 것이다. 그나마 남아 있던 주요 금융기관의 점포들마저 금융통폐합을 겪으며 하나둘 문을 닫자, 세계 유수의 비즈니스 거리로 빛나던 마루노우치는 처음으로 겨울을 맞게 되었다.

마루노우치의 겨울을 바꿔놓은 첫 번째 앵커 프로젝트 '마루빌딩'

이러한 상황에서 이 지역의 터줏대감이자 전체 부지의 70% 이상을 소유한 대지주인 디벨로퍼 미쓰비시지쇼는 위기감을 느꼈다. 그들은 그룹의 얼굴이자 도쿄의 얼굴인 마루노우치 지역을 살려야겠다는 강한 필요성과 책임감을 느끼고 움직이기 시작했다.

마루노우치 재생의 가장 큰 특징은 한마디로 바둑의 포석 같은 사업 전개다. 여러분이 미쓰비시 입장이 되어 생각해보자. 어려워졌다고는 해도 마루노우치는 여전히 일본 최고의 업무 중심지다. 임대료를 위협받긴 했지만 안정적인 금액이 들어오고 있었고, 그곳에서 근무하는 직원들은 일본 최고 인재들이었다. 쇠퇴한 지역이라는 말에 자존심은 상했지만 그렇다고 서두를 필요도 없었다. 사업비 관점에서 보아도, 수요와 공급이라는 관점에서 보아도, 직원활용 관점에서도 이 지역을 한꺼번에 재개발하는 것이 더 손해였다.

한꺼번에 재개발하지 않는다면 중요한 것은 순서다. 미쓰비시는 영리하게 지역 전체를 하나의 바둑판으로 보고, 바둑의 포석을 두듯 흐름을 바꾸는 데 가장 중요한 첫 번째 장소를 정했다. 그런 다음 첫 번째 장소와 힘의 균형을 맞추면서 너무 멀지도 가깝지도 않은 두 번째, 세 번째 장소를 정해갔다.

이 포석에 따른 첫 번째 돌이 이 동네의 상징격인 '마루빌딩'이다. 1998년 마루빌딩 재건축 착공을 시작으로 현재까지도 미쓰비시는 바둑돌을 하나씩 놓아가며, 지역 전체를 절대 죽지 않는 바둑의 대마로 탈바꿈시키고 있다.

미쓰비시가 세운 장대한 마루노우치 재건 목표는 단순히 하드웨어인 건물 한 동을 개발해 이익을 취하고 빠져나가는 방식이 아니다. 마루노우치 대부분을 소유한 터줏대감 입장에서는 단기적 개발이익보다는 지역을 새 시대의 수요에 맞게 재개발하여 자산가치를 지속적으로 높이고 장기적인 운영수익을 확보하는 것이 중요했다. 그러려면 반드시 지역 내 상업의 활기를 이끌어내야 했다.

후타고타마가와 다카시마야 쇼핑센터 편에서 자세히 설명하겠지만, 상업활성화를 위해서는 '2핵 1몰 구조'가 필요하다. 사람을 그 지역으로 끌어모으는 집객장치를 으레 '자석'에 비유하는데, 자석이 하나만 있으면 사람들이 그 자석 건물에만 머물며 지역을 돌아다니지 않는 문제가 생긴다. 그래서 일정 거리를 둔 2개의 집객 거점을 만들고 그 거점 간의 거리를 매력적으로 가꿀 때 시너지 효과를 일으킬 수 있다. 미쓰비시는 미국의 교외쇼핑몰 계획에서 유래한 이 원리를 도심지구의 재생에도 적용했다. 그들은 가장 먼저 일본에서 최상위권 이용객을 자랑하는 도쿄역에 주목했다. 하루 200만 명 이상이 도쿄역을 오갔지만, 업무목적 외에는 역 밖으로 나오지 않는 상황이었다. 그들을 밖으로 나오게 할 만큼 매력적이고도 강한 구심점이 되는 시설이 필요했는데, 그 시작이 한때 동양 최대 오피스빌딩임을 자랑한 그들의 본사, '마루빌딩'의 재건축이었다.

썰렁한 오피스 거리에서 낮에도 밤에도 걷고 싶은 거리로

최근 도쿄역과 마루노우치를 찾는 한국 여행객들은 대부분 새롭게 복원한 도쿄역 앞에서 기념사진을 찍는다. 하지만 내가 도쿄역과 마루노우치를 안내할 때는 동네 살리기 포석의 출발점인 도쿄역과 마주한 마루빌딩부터 시작한다.

마루빌딩은 첫 번째 앵커 프로젝트로 도쿄역의 풍부한 유동객을 끌어내기 위해 두 가지 특별한 장치를 마련했다. 첫 번째는 기존에 없었던 규모 있는 상업시설이다. 앞에서도 이야기했듯이 마루노우치는 일본 최고의 샐러리맨 거리답게 고액 연봉을 받는 회사원들이 낮에 주로 생활하는 동네다. 그러나 정작 점심 외에 쇼핑과 저녁식사 등은 모두 남쪽의 긴자 부근에서 이루어졌다. 미쓰비시는 이들을 잡기 위해 새롭게 복원한 저층의 상업존을 편집숍 '빔스'의 플래그십을 포함한 다양한 패션과 식음점포들로 채웠다.

두 번째 장치는 새롭게 조성한 명품거리인 나카도오리에 면한 거대한 유리 아트리움 '마루큐브'다. 이곳에서는 주말은 물론 평일에도 다양한 이벤트가 열린다. 마루큐브는 의도적으로 도쿄역 방향이 아니라 나카도오리변 코너에 면하게 계획되어, 도쿄역에서 내려 이곳을 찾은 사람들을 새롭게 가꾼 중심거리로 나가게끔 유도하고 있다.

마루빌딩을 방문한다면 가급적 마루큐브 위 6층 레스토랑 존과 이어진 옥상데크에 올라가보길 바란다. 도쿄역과 주변 풍경을 전망하며 사진을 찍기에는 옆 건물 킷테의 옥상정원이 더 좋지만, 옥상데크뿐 아니라 예쁜 수공간과 함께하는 오픈카페 형 레스토랑 존과 거기서 내려다보는 마루큐브 전망 때문에 이곳을 추천하고 싶다. 사람을 끌어당겨야 하는 첫 번째 앵커 공간은 어떠해야 하는지도 눈으로 직접 확인할 수 있을 것이다.

지역재생을 위해 마루빌딩과 상대하는 또 하나의 핵은 무엇일까? 크게 보면 다수의 백화점이 있는 남쪽의 유라쿠초 지구가 그 역할을 할 수도 있었다. 하지만 마루빌딩과 거리가 있었기에 마루빌딩 가까이에 하나 더 계획한 것이 기존의 멋스러운 31m 석조건물인 메이지생명 본사를 품으며 재개발된 지금의 '마이플라자 빌딩'이다.

미쓰비시는 이 두 핵 사이의 메인스트리트인 삭막한 나카도오리를 1몰로 설정하여 저층부의 은행 등을 퇴점시키고 매력적인 상점들을 유치했다. 또한 차도를 좁히고 보도를 넓히면서 가로등과 벤치, 화단, 거리조각 등을 배치해 걷고 싶은 거리로 만들었다. 마루빌딩과 마이플라자 빌딩이 2핵이 되고 품격 있는 가로수길 나카도오리가 1몰이 되도록 한 것이다. 또한 미쓰비시는 거리 자체를 하나의 쇼핑몰로 간주하여 주차장과 고객서비스도 함께 운영되어야 한다고 보았다. 그래서 이 거리를 방문한 사람은 마루노우치의 어느 건물에 주차하고 쇼핑하든, 같은 쇼핑몰에 방문한 고객처럼 할인 등의 편의를 누리게 했다. 그 결과 삭막한 오피스 거리였던 마루노우치는 전철로도 자동차로도 찾아오기 쉬운, 기존 교외 쇼핑몰과는 다른 분위기에서

URBAN TERRACE

▼일차로 마루빌딩과 마이플라자 빌딩 사이에 조성한 후,
현재는 지역 전체를 관통하는 걷고 싶은 중심거리가 된 나카도오리 풍경.

쇼핑과 식사를 즐길 수 있는 활기차고 정감 있는 동네로 재탄생했다.

품격과 활기에 박차를 가한 신마루빌딩과 브릭스퀘어

마루빌딩과 마이플라자 빌딩 그리고 나카도오리라는 2핵 1몰 구조의 1차 골격이 완성되자 삭막한 오피스 거리였던 마루노우치에도 사람들이 찾아오기 시작했다. 조금씩 활기가 묻어나긴 했지만 여전히 밤이 되면 적막해지는 분위기였다. 이 문제를 타개하는 1단계 개발의 마지막이 바로 '신마루빌딩'이다. 신마루빌딩은 건축 그 자체로도 의미가 있다. 근대화 시기에 마루빌딩과 중앙광장을 사이에 두고 쌍둥이 건물로 지어진 신마루빌딩은 재개발 단계에서도 마루빌딩과 함께 도쿄역 인근의 품격을 올리는 랜드마크이자 가로광장을 사이에 둔 게이트타워가 되었다. 아울러 밤시간대의 집객과 북측 지구의 활성화를 견인하는 역할을 했다.

1단계 1탄인 마루빌딩의 상업시설이 소비력이 강하고 트렌드에 민감한 2030 여성을 타깃으로 했다면, 신마루빌딩의 상업시설은 좀 더 다양한 연령층과 남성으로 그 타깃을 확대했다. 또한 인기 있는 레스토랑을 적극 유치하는 것 외에, 밤의 활기를 위해 복원한 31m

포디엄부 최상층 7층에 '하우스'라는 컨셉으로 새벽까지 편하게 즐길 수 있는 외부 테라스와 연계한 식당가를 조성했다. 신주쿠 번화가 골목길 안쪽처럼 새벽까지 영업하는 선술집 골목도 만들고 안쪽에는 여성 전용바도 유치했다. 저녁 1차만이 아니라 2차, 3차까지 이 거리에 머물 수 있도록 장치를 만든 것이다. 이제 마루노우치에도 평일 밤늦게까지 사람들이 다니고 활기가 돌기 시작했다.

수많은 멋스러운 건물로 재개발된 마루노우치 지역에서 사람들이 가장 즐겨 찾는 장소는 어디일까? 여러 장소가 있지만 내가 가장 좋아하는 공간 중 하나는 마루노우치파크 빌딩 개발 당시 만들어진 쇼핑몰 브릭스퀘어와 안쪽의 작은 공원이다. 1단계의 성공적 개발로 마루노우치에는 평일 낮뿐 아니라 주말과 밤에도 거리를 즐기는 사람들이 늘어났는데, 이 흐름을 가속화하며 지역에 다채로운 매력을 더하고자 2단계 개발 1탄으로 만든 빌딩이 마루노우치파크 빌딩과 브릭스퀘어다.

이는 미쓰비시가 최초로 이 지역에 지은 '잇초런던(리틀 런던)'의 상징인 '붉은 벽돌 1호관' 건물을 복원한 재개발사업이다. 집객력 있는 마루빌딩, 신마루빌딩과 품격 있는 상점거리 나카도오리가 생겨나며 상업적으로는 활기를 되찾았지만, 마루노우치 지구 내에는 편히 쉴 수 있는 공원과 미술관 등의 문화시설이 없다시피 했다. 미쓰비시

▲마루노우치의 브릭스퀘어와 작은 공원.

는 미쓰비시타운이라 불리는 이 지역의 아이덴티티 복원과 부족한 공원, 문화시설을 확충하기 위해 남측지구 중앙에 위치한 옛 1호 건물의 복원에 나선 것이다.

복원된 건물은 미술관으로 쓰이고 있으며, 그 안뜰에는 작지만 예쁘고 편안한 공원도 있다. 사업적으로 미술관 용도와 소공원은 도시재생특별지구의 공공공헌요소로 인정받아 용적률에서도 인센티브를 받을 수 있었다. 즉 도시재생사업 특례를 활용하여 지역에 꼭 필요한 공공기여를 하되, 사업적으로도 안정적인 개발을 해낸 것이다. 마루노우치를 방문해 걷다가 짧은 휴식이 필요하면 브릭스퀘어에 가보길 바란다. 도쿄의 얼굴에 걸맞은 품격 있는 도심 속 작은 공원과 이를 즐기는 도쿄 시민들의 여유로운 한때를 볼 수 있을 것이다.

도쿄역의 화려한 재탄생
: 클래식한 서측 옛 역과 모던한 동측 새 역의 대비

마루노우치의 가장 큰 지주인 미쓰비시가 주도한 일련의 개발이 성과를 내자 공공 성격의 철도역과 우체국도 지역 살리기에 나섰다. 먼저 도쿄의 현관이라는 이름에 걸맞게 도쿄역은 '도쿄스테이션

시티라는 프로젝트를 계획, 인접 부지까지 함께 하나의 타운으로 재개발했다. 근대화된 수도 도쿄의 현관으로 중후한 붉은 벽돌의 도쿄역사가 완공된 것은 1914년이다. 중앙역에 걸맞은 품격의 역사였지만 2차 세계대전 당시 도쿄대공습으로 3층 부분과 천정이 모두 소실되었다. 전후 어려운 경제환경에서 급하게 2층짜리 건물로 복구하여 다시 60년 동안 도쿄역으로 쓰고 있었지만, 예전의 모습을 찾기는 어려웠다.

2012년 도쿄역은 도쿄의 국제경쟁력을 강화하기 위해 글로벌 도심의 얼굴에 걸맞은 모습으로 마침내 복원되었는데, 여기에는 여러모로 행운도 따랐다. 사실 도쿄역은 도심 한가운데 위치한 만큼 개발압력도 높아 1958년부터 몇 차례나 재개발 시도로 사라질 위기를 맞았다. 1987년 국철이 JR로 민영화되면서 1994년에는 회사재생을 위해 역사적 건물의 껍데기만 남기고 그 위로 쌍둥이빌딩을 세우자는 계획이 추진되기도 했다. 하지만 도쿄역의 역사를 지키려는 시민들의 강한 반대에 부딪혔고, 미국에서 도입한 새로운 도시계획제도가 이를 해결하는 행운의 실마리가 되었다. 바로 초고층빌딩으로 유명한 뉴욕에서 탄생해 성과를 본 '용적률 이전' 제도인데, 역사적 건물의 보존을 위해 사용하지 못하는 남은 용적을 주변에 새롭게 개발하는 건물의 용적으로 이전하게 하는 제도다. 역사적 건물의 건물주는 건물의 수리비와 사용하지 못한 용적손실을 보상받을 수 있고, 용적을 사간 건물주는 같은 땅에 추가용적을 올릴 수 있어서 윈윈이었다. 이 제도 덕분에 JR은 화려한 시절의 도쿄역을 복원할 자금과 회사재생을 위한 추가수익을 얻을 수 있었다. 용적을 사간 미쓰비시와 JP 등의 주변 건물주들도 최고 입지인 신마루빌딩과 JP타워 등을 더 크게 지을 수 있으니 이득이었다. 시민들과 역 이용자들도 도시의 자랑스러운 역사적 얼굴을 지켜냈다는 보람을 느낄 수 있었으니 모두가 행복한 결말이 되었는지도 모르겠다. 도쿄역이 지금의 화려하고 당당한 모습으로 되살아난 것은 이러한 행운과 관련 기업 및 전문가들의 힘과 노력 덕분일 것이다. 한때 사라졌던 3층과 지붕뿐 아니라 JR의 새로운 호텔사업 브랜딩을 위해 역 건물의 특급호텔도 품격 있는 1층 라운지와 함께 시민의 품으로 돌아왔다.

기존의 중후한 역을 소생시킨 서측과 반대되는 동측 야에스 출구쪽은 모던한 아름다움을 뽐내며 재개발되었다. 야에스 출구에는 서울의 영등포역처럼 다이마루 백화점이 역 건물과 결합되어 중앙에 위치해 있었고, 좁은 역앞에는 버스터미널과 택시 정류장이 뒤섞여 있었다. 한마디로 신칸센을 타고 지방에서 올라온 사람들이 처음 만나는 도쿄는 혼잡 그 자체였다. 그런 만큼 서측의 클래식한 도쿄 역사가 재개발되었지만, 동측도 개선이 시급했다.

JR은 먼저 도쿄의 현관이라는 이미지에 맞게 서측의 마루빌딩과 신마루빌딩에 대응하는 205m 높이의 쌍둥이빌딩 '그랑도쿄타워'를 동측 문주 역할로 재개발했다. 중앙에 위치한 다이마루 백화점은 북측 그랑도쿄 노스타워로 옮겨 서측과 마찬가지로 중앙부 상공을 비워 시민들에게 빌딩숲 사이의 하늘을 돌려주었다. 비운 중앙부는 하이테크 건축으로 유명한 독일계 미국 건축가 헬무트 얀에게 설계를 맡겼다. 그는 어수선한 환경을 한방에 정리하기 위해 범선의 돛처럼 날렵하면서 세련된 천막구조의 지붕인 '그랑루프'를 제안했다. 그랑루프는 서측의 클래식한 중후함과 대비되는 하이테크 건축의 세련됨으로, 새롭게 발전하는 도쿄의 현대적 현관 이미지에 힘을 더했다.

도쿄역을 방문하면 으레 소생한 서측 도쿄역의 중후한 벽돌 외관 및 지붕, 화려한 개찰구 상부 돔에 시선을 빼앗긴다. 하지만 거기서 조금만 더 안으로 들어가면 혼잡한 역과 조금은 차단된 느낌의 호텔 1층 라운지에서 티타임을 즐기는 도쿄 시민들의 우아한 일상을 볼 수 있다. 가능하면 멈추지 말고 동측 야에스 출구 쪽으로 넘어가 세련된 하얀 천막지붕을 보면서 전통과 대비되는 모던한 현대건축이 주는 매력도 느껴보길 바란다. 헬무트 얀은 소니센터를 포함해 여러 유명 건축물 설계를 자랑하지만, 개인적으로 도쿄역 그랑루프가 그

▲모던하게 탈바꿈한 도쿄역 동측 그랑루프와 건너편 도쿄 미드타운 야에스.

가 지향하는 하이테크 건축을 작은 규모로 가장 잘 보여준 케이스라 생각한다.

시간이 조금 더 허락하면 마루노우치와 달리 에도 상인 지역이라 중소 오피스건물이 많았던 길 건너 야에스 지역의 최근 재개발도 함께 둘러보길 권한다. 기존 초등학교와 새롭게 지하 버스터미널을 품으면서 재개발된 '도쿄미드타운 야에스' 안의 불가리 호텔과 농업의 새로운 가치를 전하는 '얀마르 타워'가 볼 만하다. 클래식한 서측만이 아닌 모던한 동측까지 모두 보아야 도쿄역을 중심으로 한 '도쿄의 품격 있는 얼굴 만들기'의 전체 그림을 실감할 수 있을 것이다.

킷테와 가로광장으로 완성된 도쿄 얼굴 되살리기 프로젝트

근대화 시기 우편물은 주로 열차로 운송하였기에, 일본의 주요 대도시 거점역 앞에는 으레 대규모 우체국 건물이 있었다. 도쿄역 앞에도 도쿄중앙우체국 건물이 자리하고 있었다. 2007년 일본 우정공사가 JP로 민영화되면서 기존 자산을 활용한 부동산 개발에 나섰는데, 그 시작이 바로 도쿄역 앞이었다. 재건축된 JP타워는 약 2만 8000평의 최고사양 타워형 임대 오피스와 5000평 규모의 상업시설에 다양한 사회공헌시설을 결합한 형태로, 옛 도쿄중앙우체국과는 달리 복합빌딩으로 기획되었다. 기존 공공건물의 재개발이었기에 공공성을 더 많이 고려하여 주변과 연결되는 지하보행통로, 최신 설비의 국제회의장, 도쿄대학과의 산학협력으로 만든 자연사박물관, 도쿄도의 관광정보센터가 들어왔다.

JP타워에서 가장 눈에 띄는 것은 일본 각지와 세계에서 온 사람들이 만나는 도쿄역의 특성에 걸맞게 민영화된 상업시설이다. 북에서 온 사람이 남쪽의 음식과 만나고 남쪽에서 온 사람이 북쪽의 맛과 만나고, 전 세계에서 온 사람들이 일본의 문화를 접하는 도쿄의 신명소를 컨셉으로 기획되었다. JP처럼 전국에 네트워크를 가진 공동사업자인 JR동일본과 힘을 모아 쇠락한 지방과 도쿄와의 연계 재생을 목표로 전국 각지의 지역 명품과 오래된 맛집 노포들을 유치했다. 동북대지진 피해지역의 부흥과 지방의 고용창출에도 공헌하는 동시에, 도쿄에 온 외국 관광객들에게 지역의 매력을 전파하겠다는 숨은 한 수다. 상업시설의 네이밍은 우체국을 상징하는 '킷테(우표)'와 상업시설로서 '어서 오세요'라는 뜻의 일본어 '킷테'를 중의적으로 표현한 'KITTE'로 지었다. 건축적으로 역사 깊은 건물이라 보존 재건축을 하기로 결정되었지만, 재건축을 위해서는 상징적인 하얀 타일도 모두 바꿔야 하기에 그 과정에서 무엇이 진정한 보존인가 하는 논쟁이 일

▼도쿄의 얼굴에 걸맞은 품격 있는 모습으로 복원된 도쿄역 및 킷테와 도쿄역 앞 광장.

었다. 결론적으로는 재료가 아니라 눈에는 보이지 않는 철골과 콘트리트의 구조체로 이루어진 옛 중앙우체국 건물의 구조가 문화재적 가치라 보았다. 그래서 재건축된 JP타워 상업존 킷테의 한쪽 면에는 하얀색 팔각형 기둥과 보로 구성된 상징적인 구조입면 전체를 남겨 역사성도 보여주면서 상업존으로 활용하고 있다.

아울러 킷테에는 마루빌딩에 있는 마루큐브 이상의 실내 이벤트 광장이 옛것과 새것의 조화를 이루며 도쿄역으로부터 사람을 끌어 모으고 있다. 실내 이벤트 광장을 공공기여로 인정하는 새로운 제도의 혜택을 받기도 했다. 킷테를 찾는다면 실내광장에서 열리는 계절감 넘치는 이벤트를 둘러본 후, 가능하다면 옥상 전망대와 3층 도쿄대학이 운영하는 자연사박물관도 꼭 살펴보길 바란다. 둘 다 무료로 운영되지만 어떤 유료전망대와 박물관보다도 알찬 볼 거리가 있다.

도쿄역과 주변 개발의 마지막 방점은 2017년 완성된 역앞 광장과 상징가로인 교코대로 중앙에 만들어진 가로광장이다. 도쿄역 앞 광장은 지금의 서울역 앞 환승센터처럼 오랜 기간 차량 중심의 공간이었다. 도쿄의 얼굴이라는 상징성 복원 못지않게 도쿄역 프로젝트에서 가장 중요한 것은 차량 중심에서 보행자 중심으로 공간을 전환하는 것이었다. 하지만 자동차 및 버스와의 환승 기능도 반드시 필요하기에, 광장구조를 재편하여 둘 다 공존하도록 설계했다. 역앞 광장의 복원과 함께한 상징적 가로광장이야말로 도쿄역 재탄생의 마지막 방점이라 할 것이다.

지금 도쿄역에 내려 마루노우치 쪽 광장으로 나오면, 화려하게 복원된 도쿄역 앞으로 마루빌딩과 신마루빌딩을 양옆에 우뚝 세운 채 황궁으로 뻗어 있는 가로광장을 만나게 된다. 새롭게 만들어진 역앞 광장 잔디밭을 지나 횡단보도를 건너 가로광장에서 도쿄역을 배경으로 기념사진을 찍어보자. 가까이로는 타일과 철골로 된 중후한 마루빌딩과 신마루빌딩이 나오는 가운데 화려하게 복원된 도쿄역이 푸른 하늘 아래 자리할 것이다. 그 너머로는 모던한 분위기의 랜드마크 빌딩 그랑도쿄타워가 다시 양쪽으로 우뚝 선 모습이 잡힌다. 역사를 존중하면서 새로운 미래를 만들어가고자 하는 도쿄의 얼굴에 걸맞은 품격 높은 풍경의 탄생이다.

킷테 6층 옥상정원에서 역앞 광장을 내려다보면 '도쿄 얼굴 되살리기 프로젝트'의 성과를 한눈에 볼 수 있다. 31m 높이로 저층부 건물 높이를 맞추면서 올라간 거대한 재개발 건물들의 다양성과 조화성이 만들어내는 중후함은 세계 어느 도시와 견주어도 뒤지지 않는 멋진 경관이다. 사업자는 다양하지만 지역의 과제를 함께 고민하고 책정한 가이드라인에 의해 이루어진 도시설계와 도시계획 그리고 도시개발의 힘이 느껴지는 모습이다.

나는 도쿄가 어떤 도시인지 이야기하고 싶을 때 종종 도쿄역 앞 광장과 시부야역 앞 광장을 보여준다. 이 두 공간이야말로 도쿄의 경관을 대표한다고 생각하기 때문이다. 도쿄역 앞은 새롭게 조성된 광장과 가로공간도 뛰어나지만 이를 둘러싼 빌딩 각각의 건축 품질도 빠지지 않는다. 각각의 디자인이 조화를 이루면서도 개성을 잃지 않은 모습이다. 서울의 얼굴은 어디이고 다른 도시와 비교해 어떠한 특징을 가지고 있는가? 도시경쟁력과 국가경쟁력에 영향을 미치는 공간은 의외로 멀리 있지 않다.

마루노우치에서 함께 보면 좋은 곳들

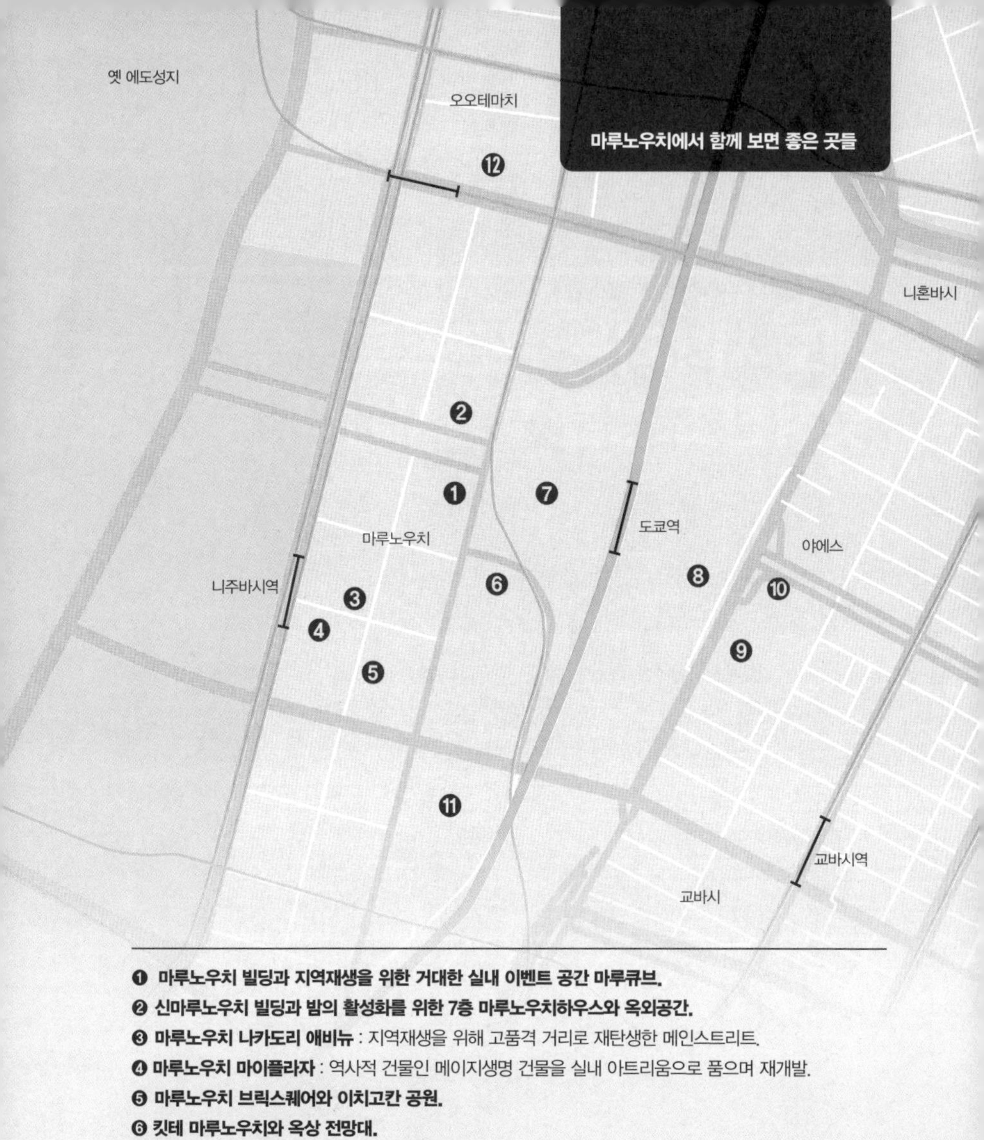

옛 에도성지
오오테마치
니혼바시
마루노우치
도쿄역
야에스
니주바시역
교바시역
교바시

❶ **마루노우치 빌딩과 지역재생을 위한 거대한 실내 이벤트 공간 마루큐브.**
❷ **신마루노우치 빌딩과 밤의 활성화를 위한 7층 마루노우치하우스와 옥외공간.**
❸ **마루노우치 나카도리 애비뉴** : 지역재생을 위해 고품격 거리로 재탄생한 메인스트리트.
❹ **마루노우치 마이플라자** : 역사적 건물인 메이지생명 건물을 실내 아트리움으로 품으며 재개발.
❺ **마루노우치 브릭스퀘어와 이치고칸 공원.**
❻ **킷테 마루노우치와 옥상 전망대.**
❼ **도쿄 스테이션 호텔과 마루노우치역 앞 광장.**
❽ **도쿄역 그랑루프** : 클래식한 기존 도쿄역과 대비되는 모던한 분위기로, 헬무트 얀 설계의 새로운 현관.
❾ **도쿄 미드타운 야에스** : 버스터미널 및 학교와 함께 지역의 품격을 높인 불가리호텔 도쿄.
❿ **얀마르 도쿄빌딩과 쌀 갤러리** : 농업의 미래를 이야기하는 갤러리와 함께 재개발된 본사 빌딩.
⓫ **도쿄 국제 포럼** : 옛 도쿄도청 부지에 들어선 복합문화공간과 버블시대를 상징하는 라파엘 비뇨리 설계의 글래스동.
⓬ **오오테마치의 숲과 아만 호텔** : 메인스트리트 나카도오리와 이어지며 기존 지역의 식생을 되살리고자 하는 도심 숲과 지역 품격을 올리는 호텔.

에도 시대라는 콘텐츠로 잊혀진 도심을 부활시키다

CHAPTER 6

▶니혼바시 코레도

최근 한국의 여러 곳을 다니다 보면, 오랜 시간 사랑받으며 살아남은 노포에 대한 관심이 부쩍 높아졌음을 실감한다. 이제 대중이 노포의 진가를 알아봐 준다는 느낌이다. 이웃나라 도쿄의 경우 350년 역사를 지닌 백화점이 지금도 활발하게 영업할 만큼 크고 작은 노포가 많다. 부자가 3대를 못 간다는 속담이 있을 정도로, 시대의 변화 속에 100년 넘게 점포를 유지하기란 여간 어려운 일이 아니다. 이는 대대로 내려오는 전통을 기반으로 새로운 변화에 적응하여, 남길 것과 버려야 할 것을 냉철히 판단하며 끊임없이 진화한 결과일 것이다. 도시개발, 부동산 개발에서도 가장 어려운 일 중 하나가 남길 것과 그렇지 않은 것을 판단하는 것이다. 개발이라 해서 기존의 것을 무조건 밀어내서도 안 되겠지만, 보존과 계승이라는 이유로 과감한 도시개발을 하지 못한다면 진화의 의미가 퇴색된다고 생각한다.

도시개발을 떠올릴 때마다 개인적인 기준으로 삼는 글이 있다. 실학자 박지원 선생이 말씀하신 '법고창신法古創新'이라는 말로, 옛것을 깊이 살피어 새로운 것을 만든다는 뜻이다. 가령 쇠퇴한 역사 속 도심을 되살릴 때는 기존 땅의 역사를 이해하고 남길 것과 소생시킬 것, 그리고 시대의 요구에 맞추어 새롭게 도입할 것들을 정해야 한다. 서울 종로의 디타워와 그랑서울타워 등의 재개발사업에서 살려낸 피맛길이 옛 도시조직을 보전한 사례일 것이다. 서울 세운지구의 재개발을 놓고 지구 내 옛길과 산업을 보전하는 방법론에 대해 다양한 논의가 펼쳐지는 것도 유사한 맥락이다.

에도 시대 일본 최고의 번화가로 노포와 옛길이 남아 있던 니혼바시도 같은 고민을 했다. 에도 시대의 니혼바시는 5대 가도의 기점으로, 일본 전역의 사람과 물건과 정보가 모이고 교류하여 새로운 산업과 문화를 창출한 매우 혁신적인 동네였다. 과거의 니혼바시를 다시 살리기 위해 나선 주체는 바로 이 땅을 기반으로 창업하고 성장하여 일본 최대 대기업 계열 디벨로퍼가 된 미쓰이부동산이다. 그들은 '니혼바시다움'이라는 전통 콘텐츠에 주목했다. 그들은 에도 시대의 중심지였던 동네를 새롭게 되살리기 위해, 이 지역에 남아 있는 전통적 자산을 깊이 살피고 재창조하여 미래를 향한 새로운 가치를 발신하는 기점이 된다는 목표를 세웠다.

명확한 컨셉 : 남겨두면서, 살려가면서, 창조해간다

미쓰이부동산이 잡은 1단계 개발의 컨셉은 '남겨두면서, 살려가면서, 창조해간다'였다. 니혼바시를 다시 살려내기 위해 지은 것이 코레도COREDO 빌딩들이다. 'COREDO'라는 네이밍은 '중심core'과 '에도Edo'

를 연결해 지은 것이다. 즉 코레도에는 에도와 도쿄의 상업 중심지였던 니혼바시가 역사와 전통을 기반으로 도쿄의 새로운 상업의 '핵'이 되겠다는 의지가 담겨 있다.

미쓰이부동산은 코레도라는 네이밍을 재개발 상업시설에 연속하여 사용함으로써, 지역 전체를 일체감 있게 리브랜딩했다. 도큐 백화점을 재개발한 2004년에 오픈한 코레도 니혼바시를 시작으로, 그리고 지역 중앙부에 위치한 코레도 니혼바시 다리를 기점으로 양쪽 지역에 각각 새로운 상업거점을 만들었다. 2005년 지역의 랜드마크로 미쓰이 본관에 연속된 '니혼바시 미쓰이타워'를 짓고, 2010년 미쓰이 본관 건너편에 '코레도 무로마치 1'을 완성했다.

지역재생 컨셉의 '남겨두면서'는 일본은행 본점(1896년), 니혼바시 석조다리(1911년), 미쓰코시 백화점 본점(1914년), 미쓰이 본관(1929년), 니혼바시 다카시마야 백화점(1933년) 등의 역사적 건축물이라는 하드웨어만을 가리키는 게 아니다. 오랜 시간 니혼바시라는 지역에서 영업해온 노포들과 지역문화 등의 소프트웨어도 포함한다. 예를 들어 매년 7월이면 '다리 씻기'라는 이벤트를 개최한다든지, 기모노 문화를 널리 알리기 위해 '도쿄 기모노 위크'를 여는 식이다.

'살리면서'란, 기존의 니혼바시 골목문화를 부활시킨다는 의미다.

우선 예전 골목의 정취를 되살리기 위해 큰길에서 조금 들어간 안쪽에 에도 시대처럼 돌바닥을 깔고, 건물의 저층부 디자인을 골목의 양측면과 통일시켰다. 하나 더 살린 것은 니혼바시다움, 즉 니혼바시의 아이덴티티다. 예를 들면 니혼바시 상인 커뮤니티의 중심이었던 '후쿠토쿠 신사'는 옥상에 있었다가 '후쿠토쿠 찻집'이라는 점포로 옮겨가는 식으로 이동을 반복하고 있었다. 그러나 무려 1000년 넘게 지역 사람들이 지켜온 시설이기에 앞으로도 지역 커뮤니티의 핵심이 되도록 새로운 신사로 정비했다. 이처럼 오랫동안 쌓아온 지역문화를 되살려 미래에 계승하려는 계획이 '살리면서'다.

'창조해간다'는 이제까지 니혼바시 지역에 없었던 최신 설비의 오피스를 지은 후 기존 산업기반을 활용해 새로운 기업들을 유치하는 것이다. 우선 니혼바시의 전통을 유지한다는 의미에서 2005년 '미쓰이기념미술관'을 미쓰이 본관 안에 새롭게 만들었다. 6성급 호텔 '만다린오리엔탈도쿄'를 랜드마크 빌딩인 니혼바시 미쓰이 타워에 유치한 것도 이러한 이유에서다.

미쓰이부동산은 이 3가지 컨셉을 기반으로 일련의 복합개발을 시행해 니혼바시만의 새로운 가치를 창출하고 국제경쟁력을 높이는 데 일차적으로 성공했다. 노인들만 찾던 미쓰코시 백화점과 오래된 가게들만 있던 동네에 새로운 활기가 돌아오기 시작했다.

니혼바시 미쓰이 타워 : 지역 이미지를 바꾸는 앵커 프로젝트

니혼바시 다리에 서서 북측을 바라보면 왼쪽의 미쓰코시 백화점 뒤편으로 당당한 석조건물과 그 뒤에 우뚝 선 품격 있는 타워건물이 눈에 들어올 것이다. 가까이에서 보면 타워건물의 안쪽은 유리 아트리움이라 색다른 분위기를 자아낸다. 아트리움에서 나오는 빛에 이끌려 내부로 들어가 보면 저층부 전체가 외부 기둥의 높이만큼 트여 있어서 거대한 공간감에 압도당한다.

한쪽 벽면에는 대나무숲과 함께 단정한 미술관 입구가 보인다. 눈을 돌려보면 거대한 아트리움 2층에 라운지 같은 공간이, 멀리로는 건물양식과는 조금 덜 어울리는 듯한 과일가게가 보인다. 과일가게 쪽으로 가보면 바쁘게 걸어가는 회사원들 틈으로 별 6개 마크가 붙어 있는 호텔 입구가 눈에 들어온다. 일부러 숨겨놓은 듯한 호텔 입구로 들어가면 이곳이 도심임을 잊게 하는 물소리가 들리고 분위기가 완전히 바뀌면서 세련된 유니폼을 입은 호텔리어들이 인사를 한다. 엘리베이터를 타고 가장 위층인 로비로 올라가면 2개층이 탁 트인 공간에서 도쿄 전체를 조망하는 또 다른 세계가 펼쳐진다. 니혼바시 부활의 상징인 니혼바시 미쓰이 타워와 만다린 오리엔탈 호텔의 모습이다.

쇠퇴한 지역에 새로운 변화를 주면서 성장을 꾀할 때에는 튼튼하고 큰 나무를 심는 것이 효과적이다. 미쓰이부동산에는 니혼바시라는 지역의 기존 장점은 살리되 이미지를 새롭게 바꾸어줄 튼튼한 큰 나무가 필요했다. 마루노우치의 마루빌딩이 그랬고, 도라노몬의 도라노몬 힐즈가 그랬던 것처럼 말이다.

니혼바시 재생을 위한 첫 사업은 미쓰코시 백화점 신관과 오랜 역사를 지닌 도큐 백화점이 폐점한 부지에 새롭게 지은 코레도 니혼바시 타워였다. '코레도'라는 지역재생 브랜드를 만들면서 이 지역에 부족한 프라임 오피스와 오피스 워커들을 위한 고감도 점포들로 상업공간을 꾸렸지만 결과적으로는 파워가 약했다. 노인들만 찾는다는 미쓰코시 백화점의 이미지를 바꾸기 위해 증축한 신관에 다양한 브랜드를 들여왔으나, 지역의 이미지를 완벽하게 바꾸어놓기에는 한계가 있었다.

그래서 미쓰이부동산은 이 지역과 그룹의 상징인 자신의 본사 재개발을 '큰 나무'사업, 즉 지역재생의 앵커사업으로 삼았다. 이 앵커사업에는 단순한 오피스 용도를 넘어 지역의 브랜딩과 활성화를 위해 필요한 기능을 복합적으로 유치했다.

지역을 새롭게 브랜딩할 때 중요한 역할을 하는 것이 호텔이다. 호텔은 외부 사람을 그 지역에 유인하고 머물게 하기에 지역과 외부인의 접점이 된다. 지역에서 열리는 다양한 행사의 공간이 되어 커뮤니티의 중심적 역할도 맡는다. 또한 호텔의 수준은 그 자체로 지역 브랜딩에 큰 영향을 미친다. 수익성이 좋은 숙박에만 특화된 중급 호텔을 유치하면 그에 맞는 이용객만 오므로 지역에 미치는 파급효과가 크지 않다. 건물 하나의 수익성만 보는 게 아니라 지역 전체의 자산가치 상승과 지속성을 원한다면 고급 호텔을 전략적으로 유치해야 할 때도 많다. 롯폰기 힐즈의 그랜드하얏트 호텔, 도쿄 미드타운의 리츠칼튼 호텔, 도라노몬 힐즈의 안다즈 호텔, 마루노우치의 페닌슐라 호텔과 아만 호텔 그리고 호시노야 호텔 등이 괜히 그곳에 있는 것이 아니다. 지역 전체의 활성화를 원하는 디벨로퍼가 긴 호흡으로 전략적 장소에 유치한 최상급 호텔들이다.

이런 경우 호텔만이 아니라 기존 지역에 없던 대규모 컨벤션과 회의공간, 고급 연회장과 레스토랑들을 포함하기에 지역 내 새로운 하이클래스 교류의 거점이 만들어진다. 니혼바시에 미쓰이부동산이 전략적으로 만다린오리엔탈 호텔을 유치한 이유가 되겠다. 포시즌이나 리츠칼튼 같은 서구적 럭셔리 컨셉이 아니라, 니혼바시가 가진 오리엔탈 전통에 부합하는 만다린오리엔탈을 택한 것도 눈여겨볼 대목이다.

▼니혼바시 앵커 프로젝트, 코레도 미쓰이 타워와 1층의 센비키야.

SEMBIKIYA
SEMBIKIYA

니혼바시에는 오래된 노포는 많으나 고급스러운 연회공간과 숙박시설이 없었다. 이제는 만다린 호텔에 숙박한 하이엔드 소비자층이 지역의 노포들을 걸어서 편안하게 돌아다니며 전통적인 가게와 동네가 지닌 매력을 직접 느끼고 있다. 타워 저층부에는 역사적인 본관 건물의 상층부를 활용한 만다린 호텔의 고급 연회장이 들어왔다. 아트리움 2층과 가로변 코너에는 만다린 호텔의 직영 레스토랑과 카페가 입점해, 호텔의 가치가 곧 지역의 브랜딩으로 연결됨을 보여주고 있다.

그렇다면 미쓰이 타워 1, 2층 메인 로비와 접한 2개층에 위치한 과일가게는 어떤 곳일까? 가격표를 보면 깜짝 놀라게 되는, 최고가 과일로 유명한 고급 노포 '센비키야'다. 도쿄 북측 사이타마 지역의 하급무사가 니혼바시 인근 닌교초에 1834년 과일과 채소를 파는 전문점포를 연 것이 센비키야의 시초다. 1867년 지금의 니혼바시 무로마치점 자리로 이전하면서 일본 최초의 과일 전문점으로 개업, 에도와 도쿄 시민들의 절대적 사랑을 받아온 센비키야는 오늘날 전통과 고급을 상징하는 대명사가 되었다. 일반적으로 오피스 로비의 카페 자리에는 스타벅스 등의 유명 프랜차이즈가 입점하는데, 미쓰이부동산은 전통을 재해석한 센비키야를 앵커 프로젝트의 메인 입구에 유치함으로써 이 지역의 향후 재생 방향성을 또렷하게 보여주었다.

코레도 무로마치 : 친구 노포들을 최강 무기로 삼다

에도 상인을 기반으로 한 디벨로퍼 미쓰이부동산은 오피스와 주택뿐 아니라 상업 부문에서도 강점을 보이는 기업이다. 미쓰이부동산은 니혼바시의 오랜 경쟁상대였던 다카시마야 백화점이 미국 쇼핑몰을 모델로 서측 교외지역인 후타고타마가와에 쇼핑몰을 짓는 것을 보면서, 동측 교외지역 후나바시에 비슷한 사업을 시작했다. 이후에는 지방 도시를 중심으로 한 이온 쇼핑몰의 급성장을 보며 대도시권 교외 거점 역세권에 '라라포트'라는 브랜드로 쇼핑몰 사업을 적극적으로 펼쳐 이 부문에서도 최강의 자리를 차지하고 있다. 아웃렛 부문에서도 미국 사이먼과 제휴하며 고급을 지향하는 미쓰비시 아웃렛과 달리, 좀 더 시내와 가까운 곳에 중저가 아웃렛을 다수 출점하여 우위를 점했다.

이러한 미쓰이부동산도 도시재생 시대를 맞아 도심의 복합용도 재개발사업이 메인으로 부각되자 변화의 계기를 찾아야만 했다. 기존 브랜드들을 활용하는 대중적인 교외 쇼핑몰이나 아웃렛과 달리, 도심의 상업공간은 좀 더 성숙하고 취향 있는 소비자들을 타깃으로 하기 때문이다.

도심의 1등 입지에 일본 최대 업무지구인 마루노우치를 기반으로 하는 미쓰비시는 '품격'을 컨셉으로 잡고 명품 브랜드들을 유치해 상업공간을 채워나갔다. 외국인들이 많은 롯폰기 지역을 기반으로 한 모리빌딩은 '글로벌'이라는 컨셉 아래 관련 점포들로 상업공간을 채워 자기만의 색을 만들어가고 있었다.

'중소 오피스밖에 없고 노인들만 찾는 쇠락한 니혼바시를 살리려면 어떤 점포가 새롭게 들어와야 할까?' 미쓰이부동산은 가까이에서 그 답을 찾는 데 성공했다. 주위를 둘러보니 그들과 함께 이 지역에서 성장해온 오랜 친구 같은 노포들이 어찌 보면 성숙한 소비자들이 찾는, 새로운 가치를 모두 지닌 최고의 점포들이었다. 만든 사람의 철학과 정성이 느껴지는 물건, 환경에 대한 배려와 지역의 역사와 개성이 녹아 있는 제품과 서비스. 니혼바시가 쇠퇴했다고는 하나 에도 최고의 번화가였던 만큼 이런 가치를 소중히 여기는 노포들이 즐비했다.

부족한 건 아무래도 노포들이 영세하다 보니 그에 필요한 브랜딩과 마케팅이었다. 에도의 상업과 문화중심지 니혼바시에서 시작하여 대기업으로 성장한 미쓰이부동산답게, 그들은 자신에게 가장 잘 어울리는 '일본 전통'이라는 컨셉을 무기로 내세웠다. 상징 건물인 미쓰이타워 건너편에 3동의 코레도 무로마치를 동네 형태로 개발하면서 니혼바시와 전국의 노포들을 전략적으로 유치했다. 아울러 일본 전통을 재해석한 건물과 인테리어, 외부 거리풍경에 노포들을 세련되게 재단장하여 녹여냈다. 코레도 무로마치에서 만날 수 있는, 이 책을 읽는 독자분들이 한 번은 방문해주었으면 하는 대표적인 노포들을 소개해보려 한다.

미쓰이타워에서 길을 건너면 보이는 코레도 무로마치1의 1층에는 1792년 니혼바시에서 창업해 230여 년의 역사를 지닌 주방칼과 생활도구 전문점 '키야'가 입점해 있다. 키야는 수많은 노포 일식 레스토랑과 서양 파인다이닝 셰프들에게 생명과도 같은 최고의 요리칼을 제공해왔을 뿐 아니라, 일반 가정에도 최고 품질의 칼과 생활도구를 선보이며 사랑받아온 니혼바시의 대표적인 노포다. 다양한 요리에 맞춘 칼들과 생활도구를 보는 재미는 물론, 일본 장인들의 열정이 느껴지는 이곳에 가면 일본이 '모노즈쿠리(물건 만들기)'의 나라임을 새삼스럽게 실감하게 된다.

키야의 안쪽으로 들어가 보면 옆 점포에 사람들이 줄을 서서 종이컵에 든 음료를 마시고 있는데, '일본의 맛은 여기서부터'라고 자신 있게 외치는 일본요리의 베이스 가쓰오부시 다시를 취급하는 유명 노포 '닌벤'이다. 우리의 멸치육수처럼 일본요리에는 다시마와 가쓰오부시가 핵심적인 육수 재료로 쓰이는데, 닌벤은 1699년 니혼바시에 창업하여 무려 320여 년 동안 영업해온 가쓰오부시 전문 노포다.

두드리면 장작 소리가 날 만큼 단단한 가쓰오부시로 최고 장인들과 함께 최상급품을 만들고 판매해 오랜 세월 에도와 도쿄 주부들의 사랑을 받아왔다. 닌벤은 전통에만 머무르기보다 이용하기 편한 다시백 형태의 제품과 간장 및 다시마와 블랜딩한 제품을 출시하는 등, 끊임없는 혁신도 거듭해왔다. 이 혁신의 에너지로 니혼바시 재생을 위한 코레도 프로젝트에 동참해 코레도 무로마치의 첫 건물에 새로운 형태의 점포를 탄생시켰다. 외국인을 포함한 일반인들이 가쓰오부시 다시의 맛을 좀 더 가볍게 접할 수 있도록 100엔에 다시 한 잔을 제공하는 카페 형태의 '다시바'가 그것이다. 인공조미료에 익숙한 소비자들에게 가츠오부시 다시는 평양냉면 육수 같은 옅은 맛이지만, 품질 좋은 다시에는 마시자마자 입 전체를 감싸는 깊은 맛이 있다. 이곳에서 일본요리 맛의 핵심을 체험한 이들은 함께 진열된 각종 가쓰오부시 제품을 사 가곤 한다. 미쓰이와 닌벤은 100엔 다시가 100만 잔이 팔릴 정도로 인기를 얻자 코레도 무로마치3의 1층에 다시를 활용한 일식당을 오픈했다. 기회가 된다면 다시를 베이스로 다양한 요리가 제공되는 '니혼바시 다시바 하나레'도 즐겨보시기 바란다.

닌벤 바로 옆에는 화려한 금박집 '하쿠자 니혼바시'가 오가는 사람들의 눈길을 사로잡는다. 하쿠자는 니혼바시 출신이 아니라 우리나라로 치면 전주와 같은 역사적인 지방도시 가나자와의 금박 노포인데 코레도의 컨셉에 공감해 출점했다. 키야가 칼과 생활도구로 볼 거리를 제공한다면, 하쿠자는 금박공예의 정수를 보여주고 있다. '전통과 혁신'이라는 컨셉에 맞게 독자적인 순금 백금박을 사용한 그릇, 화장품, 디저트, 패션 등 다방면에 걸친 상품군으로 금박의 매력을 전한다. 장인기술이 돋보이는 금박 체험공간이자 매장 내 동굴 같은 '황금 하늘'도 같이 둘러보시길 권한다.

코레도 무로마치 시리즈 4곳의 상업시설 내에는 다양한 일본 전통을 컨셉으로 한 점포가 많아 일일이 소개하기 어렵지만, 가볍게 즐길 수 있는 곳을 하나 더 소개하면 무로마치2의 1층에 위치한 고구마튀김가게 '이모킨'이 있다. 무로마치2 안으로 들어가면 다시바와 마찬가지로 사람들이 줄 지어 갓 나온 고구마튀김을 사는 모습을 볼 수 있다. 고구마는 일본에서는 사츠마이모라고 불리는데, 따뜻한 규슈 남부 사츠마와 시코쿠 남부 고치 지역에서 많이 재배된다. 고치현에서 1950년 밀가루 대신 고구마로 튀김과자를 만들어 큰 성공을 거둔 시부야식품의 직영점이 '이모야킨지로'이고, 이를 줄여 '이모킨'이라 부른다. 인공감미료나 첨가물 없이 엄선한 국산 고구마와 설탕과 기름만으로 즉석에서 갓 튀겨낸 고구마튀김은 별미 중의 별미다. 30가지 원두 중에서 취향에 맞게 선택하면 즉석에서 로스팅해서 내려주는 또 다른 장인정신의 노포 '야나카 커피'의 커피와 함께 새롭게 재탄생한 후쿠토쿠 신사 앞 공원에서 즐겨보시길 권한다.

시타마치 : 에도 서민 동네의 정취와 풍경 되살리기

니혼바시는 에도 시대부터 이어져온 노포와 백화점뿐 아니라 '시타마치'로 불리는 주변 서민 동네, 즉 도쿄 시민들의 생활감이 배어나는 독특한 정취와 풍경이 공존하는 동네다. 최근 도시 여행자들의 여행을 살펴보면 유명 맛집과 핫플레이스보다는 그 지역만의 정취와 생활감이 느껴지는 동네를 좀 더 선호하는 분위기다. 이런 흐름을 읽은 미쓰이부동산은 지역재생을 위해 노포를 활용한 상업뿐 아니라, 에도에서 유래한 시타마치의 정취와 풍경을 어떻게 되살릴지 고민하기 시작했다. 그 결과 '메이드 인 재팬의 도시재생'을 목표로 삼고 니혼바시 다리를 건너오면 전통적인 일본, 또 다른 세상을 만날 수 있다는 컨셉을 구상했다.

우선 5개 블록에 걸친 코레도 무로마치 건물과 함께 가로풍경과 도심공원을 기획해 하나의 동네로 보이게 하는 중심점을 만들었다. 아울러 에도의 정취와 커뮤니티의 중심이었으나 이전을 반복하며

▲커뮤니티 중심 후쿠토쿠 신사와 함께 에도 풍경을 되살린 코레도 무로마치의 거리.

존재가치가 열어진 '후쿠토쿠 신사'를 되살리기로 했다. 유럽 옛 도시에 가면 반드시 중심부에 광장과 성당이 위치하듯, 일본 서민 동네에는 커뮤니티의 중심으로 신사와 이를 에워싼 마을숲이 있었다. 미쓰이부동산은 이에 착안하여 5개 블록에 걸친 거대한 재개발을 진행하며 후쿠도쿠 신사와 도심정원 '후쿠토쿠의 숲'을 새롭게 만들었다. 마루노우치에 근대 벽돌건물 미쓰비시1호관과 함께하는 브릭스퀘어와 공원이 있다면, 니혼바시에는 전통건축 신사와 함께하는 후쿠토쿠의 숲이 있다.

보행자 눈높이에서의 경관에도 각별히 신경을 썼다. 당시만 해도 고층빌딩은 독립성이 강해 거리경관의 연속성을 만들어내기 어렵다고 여겨졌다. 이를 극복하기 위해 재개발된 건물들은 크게 최상층부, 중앙부, 저층부 3단 구성으로 하여 저층부는 특히 거리경관의 중요한 요소로서 세심히 기획했다. '역사성의 계승'을 위해 건물보다 가로에 초점을 맞추었고, 재개발되는 고층빌딩의 저층부 입면 디자인을 각 건물로부터 분리했다. 점포가 위치한 1층 경관도 같은 도로의 남측에 위치한 긴자 지역과는 사뭇 다르다. 해외와 국내 명품 브랜드 매장이 즐비한 긴자와 달리, 오래된 노포들을 메인 거리에 배치하고 전통 있는 백화점 간판을 중심으로 거리경관을 가다듬어 니혼바시다운 상업경관을 조성했다. 메인 거리 안쪽의 가로들은 휴먼스케일을 강조해, 정연한 기둥 대신 큰 처마와 작은 처마의 수평감과 격자무늬 장식 등으로 예스러운 거리풍경의 재생을 시도했다.

에도 풍경과 정취를 되살리는 데 당연히 하드웨어만으로는 부족하다. 미쓰이부동산이 지역민들과 전통을 소재로 다양한 이벤트를 여는 이유다. 에도가 만든 여러 문화 중에는 계절과 관계된 것들이 많았다. 예를 들어 봄이 되면 각자 준비한 음식을 들고 삼삼오오 모여 벚꽃을 즐기는 것이 대표적인 에도 문화다. 미쓰이부동산은 이러한 옛 놀이를 새롭게 해석해 니혼바시를 중심으로 계절별 이벤트를 펼치고 있다. 대표적인 것이 봄의 '사쿠라 페스티벌'과 여름 두 달간 이어지는 'ECO EDO 니혼바시' 축제다. 벚꽃놀이는 우리도 즐기고 있으니 조금은 생경한 여름축제를 살펴보자.

2009년에 시작된 'ECO EDO 니혼바시' 축제에서는 에도 시대 니혼바시 주민들이 여름 더위를 식혔던 방식을 요즘 식으로 재해석한 이벤트를 개최한다. 예를 들면 2023년에는 먹으면서 시원함을 얻는 '여름 한정 음식', 입어서 시원함을 누리는 '유카타', 보고 들으면서 시원함을 느끼는 '풍령' 등, 과거의 생태친화적 지혜로 시원함을 즐기는 행사를 마련했다. 아울러 니혼바시의 노포 음식점과 백화점, 호텔, 상업시설의 음식점들이 각자 개성 있는 빙수를 만들어 후쿠토쿠 신사 앞 광장에서 포장마차 형식으로 모인 '니혼바시 빙수 페스티벌 2023'을 개최해 호평을 받기도 했다. 니혼바시다우면서도 독특하고 생태적인 여름 이벤트로 '날이 개면 물 뿌리기! 니혼바시'도 있다. 니혼바시 지역 기업들과 협력하여 주변 시설에서 나온 재생한 물을 활용해, 가장 더운 여름날 유카타를 입고 전통 나무바구니에 물을 담아 뜨거워진 돌바닥에 뿌리는 행사다. 에도 시대부터 행해진 전통으로 에어컨 없이 친환경적인 방법으로 도심 기온을 떨어뜨리며 환경문제와 옛 삶의 지혜를 되돌아보는 이벤트로 인기가 많다. 이렇듯 하드웨어와 전통 이벤트가 어우러지면서 예스러우면서도 세련된 니혼바시만의 정취와 풍경이 완성되어 가고 있다.

라이프사이언스, 모빌리티, 식, 우주 : 지역산업을 기반으로 새로운 전략사업을 도모하다

지역을 살리려는 모든 활동에서 중요한 것은 지속가능성이다. 니혼바시를 단기간이 아닌 지속적으로 살리려면 무엇보다 이 지역에 새로운 기업과 인재가 들어와야 한다. 니혼바시에는 소위 우량 기업들이 많지 않았던 만큼, 미쓰이부동산은 지역산업을 활용한 전략산업군을 먼저 선정했다. 니혼바시에는 에도 시대부터 약 도매상이 많았다. 그중에는 다케다약품, 다이이치산교, 아스텔라스 등 일본 최고 제약회사도 있다. 이 점에 착안해 미쓰이부동산은 새롭게 부상하고 있는 생명공학(라이프사이언스) 산업을 첫 번째 전략산업군으로 선정했다. 그러고는 유명 제약회사와 함께 공공 및 학계 전문가들이 교류하는 '라이프사이언스 정보교류거점 LINK-J'와 협업구조를 만들었다. 라이프사이언스 관련 스타트업을 위한 공유 오피스와 임대 오피스를 만들어 투자도 병행하고 있다.

2019년부터는 니혼바시의 역사적 특성을 반영해 '모빌리티'와 '식'과 '우주'를 새로운 전략영역으로 설정하여 육성 중이다. 모빌리티의 경우 수륙교통의 요지라는 니혼바시의 과거 아이덴티티를 감안해, 수상교통을 포함한 새로운 도시 모빌리티 서비스를 제공한다는 목표를 세우고 있다.

'식'분야에서는 에도 시대 어시장을 중심으로 에도의 식문화에 기여해온 니혼바시의 역사를 배경으로 민·관·학의 다양한 음식 분야 플레이어가 모이는 혁신 거점을 정비하고, 노포와의 콜라보레이션을 촉진해 일본 식문화의 계승과 혁신에 도전하고 있다. '우주'분야는 지구가 당면한 과제 해결로도 이어질 것을 기대하며 민간과 정부가 합심해 의욕적으로 추진하고 있다. 이렇듯 미쓰이부동산은 니혼바시의 특성을 반영한 비즈니스와 문화를 만들어가기 위해 민·관·학이 함께 만들어가는 장소와 기회를 제공하고 있다.

'물의 도시 도쿄'의 부활을 주도하는 니혼바시의 미래

지난 20여 년의 노력 끝에 니혼바시는 노인들만 찾던 동네에서 전통과 혁신이 살아 있는 동네로 탈바꿈했다. 그럼 지금 니혼바시가 꿈꾸는 것은 무엇일까? 다시 원점인 니혼바시 다리로 돌아가 보자.

일본 도시계획계는 2000년 이전까지는 한국을 한 수 아래로 생각했던 것이 사실이다. 그러한 그들에게 가장 큰 충격을 준 사업이 '청계천 고가도로 철거와 복원'이었다. 일본 도시계획계가 현재 가장 빨리 없애고 싶어 하는 것 중 하나가 에도의 중심 니혼바시 상부를 지나는 고가 수도고속도로였다. 물론 건설 당시에는 반드시 필요했지만, 이 때문에 한때 동양의 베니스라 불렸던 운하도시 에도를 상징하는 니혼바시의 수운水運과 수변 풍경이 사라졌기 때문이다. 1990년대부터 줄기차게 고가도로 철거 논의가 이어졌지만 없애는 건 쉽지 않았다. 시청역에서 끝나는 청계고가도로와 달리 이 고가도로는 도쿄 전체의 교통 흐름에 중요한 도심순환선이기에 철거하려면 대체노선을 만들어야 했다. 대체노선을 만들기 위해서는 기존 노선을 운행하면서 지하화地下化해야 하는데, 그러려면 도로선형상 주변 건물들 아래를 지나가야 했다. 막대한 공사비와 재개발 동의를 구해야 하는 어려운 작업인 터라, 서울의 청계천을 보면서 부러워할 뿐 엄두를 내지 못하고 있었다.

전통을 무기로 한 코레도 시리즈로 니혼바시에 사람과 기업을 불러모은 미쓰이부동산은 이 어려운 과제에 도전 중이다. 고속도로 지하화를 위한 단순 재개발사업이 아니라 니혼바시의 거점성을 더욱 높이면서 니혼바시가 가진 원기능이자 풍경인 '물의 도시'라는 정체성을 되살리자는 장대한 그림이다.

우선 니혼바시 다리 아래의 하천에 에도 시대부터 있었던 선박 수송기능과 수상 서비스를 재생하는 것을 목표로 삼았다. 최근 수상관광이 인기를 얻으면서 니혼바시 주변에도 배 선착장을 정비했고, 시범운영을 거쳐 이제는 도심과 워터프런트를 연결하는 새로운 수상교통 네트워크를 계획 중이다. 니혼바시는 도쿄역과도 가까운 도심 수상교통 거점을 목표로 하여 하네다공항, 오다이바 임해부도심, 인사동 같은 아사쿠사는 물론 새롭게 개발 중인 도쿄만 워터프런트 지역인 시바우라, 하루미, 도요스 등의 수변 거점과 연결된 관광 및 생활용 배라는 이동 선택지를 제공하려 한다.

2030년 니혼바시를 방문하면 고속도로가 지하화되어 되살아난 푸른 하늘 아래 석조다리 옆으로 아기자기하면서 활기찬 모습의 수변 마을을 만날 수 있을 것이다. 수변 마을 뒤로는 타워 꼭대기에 뉴욕에서 온 6성급 월도프아스토리아 호텔을 품은 초고층 오피스빌딩을 볼 수 있을 것이다. 다리 아래 운하에는 하네다 공항과 아사쿠사로 가는 배가 다니고 하늘에는 신규 도심공항터미널에서 출발한 비행기가 날아가고, 거리에는 다양한 개인 이동수단들이 돌아다닌다. 미쓰이부동산이 꿈꾸는 전통과 혁신이 융합하며 되살아난 물의 수도 도쿄와 상업, 관광, 비즈니스 등의 다양한 목적으로 찾아와 이를 즐기는 사람들로 넘쳐나는 2030년 니혼바시의 모습이다.

도쿄 여행을 계획하고 있다면 에도 중심에서 새로운 도쿄의 중심으로 거듭나고 있는 니혼바시를 꼭 후보지로 넣기 바란다. 아울러 건물만이 아닌 공공공간과 점포들, 관련 이벤트들도 모두 경험하면서 법고창신을 기다리는 수많은 우리 전통자산과 동네들을 대비해보기 바란다.

니혼바시에서 함께 보면 좋은 곳들

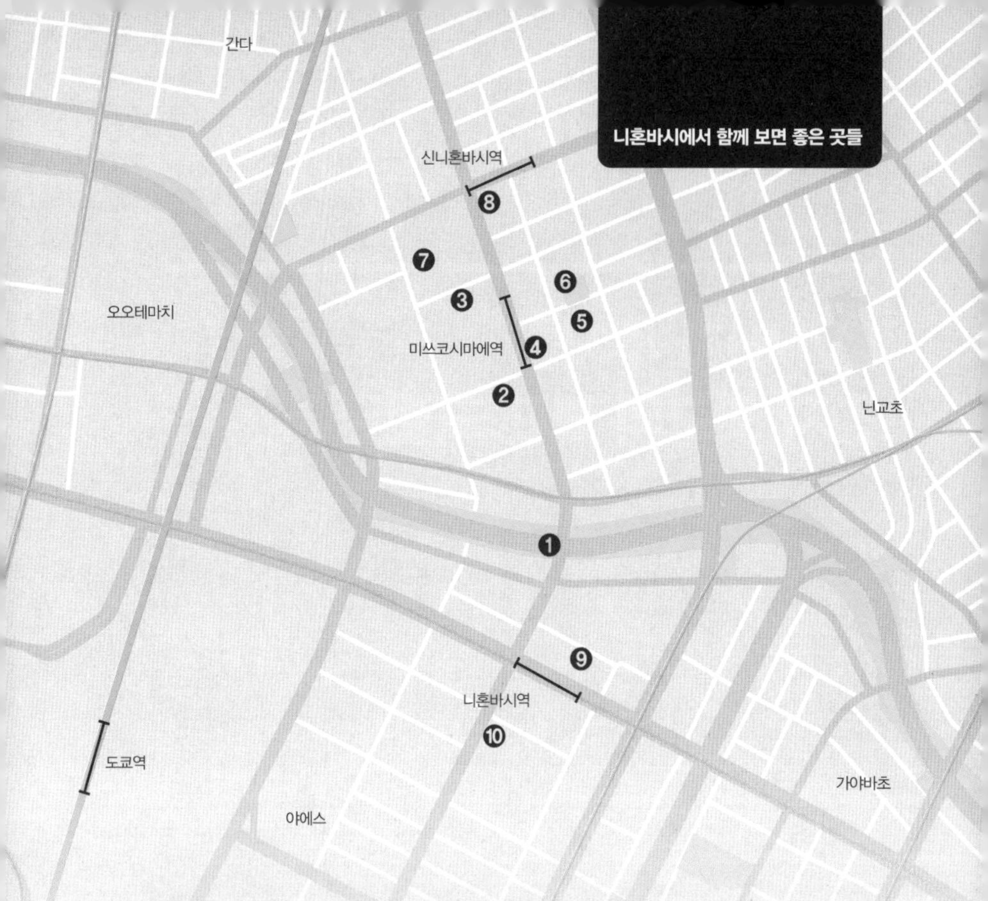

간다
신니혼바시역
오오테마치
미쓰코시마에역
닌교초
니혼바시역
도쿄역
야에스
가야바초

❶ **니혼바시교** : 에도 시대 육상과 해상운송의 중심지로 출발한 도쿄의 역사적 상징. 고속도로로 인해 끊임없이 경관문제 지적을 받는 곳.

❷ **니혼바시 미쓰코시 백화점 본점** : 일본 백화점의 기원이자 미쓰이그룹의 기원. 1673년에 개업한 에치고야를 계승한 미쓰코시 백화점 본관.

❸ **니혼바시 미쓰이 타워와 미쓰이기념미술관, 센비키야.**

❹ **코레도 무로마치1** : 노포 키야 본점, 닌벤.

❺ **코레도 무로마치2** : 이모야킨지로, 야나카 커피.

❻ **후쿠토쿠 신사와 숲** : 커뮤니티 거점으로 되살아난 신사와 다양한 이벤트 무대도 되는 도심 숲.

❼ **코레도 무로마치 테라스** : 대규모 이벤트 광장, 츠타야 서점의 모델이 된 대만에서 온 라이프스타일 서점 에슬릿.

❽ **미쓰이 가든호텔 니혼바시 프리미어** : 일본 전통을 컨셉으로 재탄생한 미쓰이가든호텔의 플래그십.

❾ **코레도 니혼바시** : 옛 도큐백화점 자리에 들어선 니혼바시 부활을 위한 코레도시리즈 첫 시작점.

❿ **니혼바시 다카시마야 백화점과 쇼핑센터** : 역사적인 옛 백화점 건물을 살린 재건축. 건물 사이 도로를 없애고 만든 갤러리아.

LVMH가 투자한 긴자 최고의 브랜드 빌딩

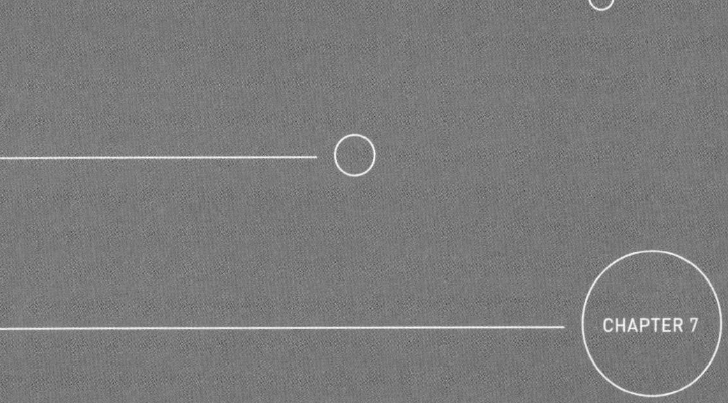

▶ 긴자 식스

'오사카 상인'이라는 말이 있듯이 '긴자 상인'이라는 말이 있다. 이는 긴자의 뿌리와도 연관이 깊은데, 그만큼 긴자와 상업을 떼어놓고 생각할 수 없다는 뜻이다. 에도 시대부터 긴자는 간선도로변에 공방과 상점을 두고 손님을 맞이하는 장인지구였고, 내부는 장인들과 상인들이 직접 살며 생활하는 직주일체의 활기찬 동네였다.

1872년 긴자 대화재, 1923년 관동대지진, 2차 세계대전과 한국전쟁 그리고 1964년 도쿄올림픽… 상인들의 거리에서 모던 도쿄를 상징하는 거리가 되기까지 긴자는 다양한 역사적 사건을 겪어왔다. 일일이 설명할 수는 없지만 긴자의 변화는 일본상업의 성장과 궤적을 함께해왔다고 보아도 좋다.

상인의 거리에서 브랜드의 거리로 진화하다

긴자에 라이프스타일을 중심으로 한 새로운 움직임이 일어나기 시작한 것은 1980년대부터다. 계기는 소비층의 변화였다. 1984년 긴자에 '긴자 프렝탕 백화점(현 마로니에게이트2)'과 '유라쿠초 마리온(현재 한큐멘즈관 등)'이라는 패션전문 백화점이 동시에 문을 열었다. 두 백화점은 1980년대 이후 새롭게 부상한 소비층인 젊은 사무직 여성이ㄴ들이 주된 고객층이었고, 그 영향으로 긴자 지구의 이용자 흐름이 확대되기 시작했다. 아울러 이들의 라이프스타일에 호응하는 패션, 잡화매장과 음식점들이 긴자에 진출하면서 기존의 노포들과 상승 작용을 일으켰다.

이 과정에서 어슬렁거리며(일본어로 '브라브라) 긴자 구석구석을 즐기는 사람들이 생겨났다. 긴자 브라브라족의 줄임말인 '긴브라'의 탄생이다. 우리가 긴자 백화점이나 대로변 매장에서 쇼핑을 하고, 뒷골목 노포에 들어가 장어덮밥이나 스시를 먹고, 긴자에서만 파는 디저트를 먹으러 순례하는 것도 일종의 긴브라식 여행이다. 또한 일요일에 긴자에 가면 차 없는 메인스트리트를 여유롭게 거닐 수 있는데, 이는 1970년부터 꾸준히 유지해온 긴자의 '일요일 보행자 천국제도' 덕분이다.

물론 이렇게 되기까지 긴자의 행보가 계속 순탄했던 것은 아니다. 긴자는 1990년대, '일본경제의 잃어버린 10년'이라는 벽에 부딪힌다. 1980년대 후반 화려한 버블 이후에 닥친 일본의 불황을 피해가지 못했던 것. 이뿐 아니라 또 다른 변화도 일었다. 버블 시기에 전 세계 명품들을 싹쓸이 쇼핑하던 일본 소비자들이 이때를 기점으로 브랜드 철학에 공감하지 않으면 구매하지 않는 성숙한 소비자로 탈바꿈하기 시작했다. 제품이 아닌 브랜드에 집중하는 시기의 도래였다.

▲차 없는 거리 긴자의 일요일, 관광객을 비롯해 긴자를 즐기러 온 사람들로 가득하다.

자연스럽게 브랜드들도 백화점 1층 명품존에서 거리로 나왔다. 1966년 소니빌딩[1]을 시작으로 2000년대 이후 에르메스를 비롯한 글로벌 명품 브랜드들이 줄줄이 긴자에 땅을 사거나 빌려서 자신의 세계관을 담은 브랜드 빌딩을 출점했다. 패션뿐 아니라 야마하악기(2010년), 닛산자동차(2017년), 미키모토(2016년) 등 일본의 주요 브랜드들도 글로벌 브랜드로 재도약하기 위해 브랜드 빌딩으로 들어왔다. 이로써 긴자는 성숙한 일본 소비자들에게 물건을 팔기 위한 슈퍼 브랜드들의 거리로 변신하는 데 성공한다.

그뿐 아니다. 2010년 이후부터는 각 지방자치단체의 지역 브랜드관(안테나숍)들이 긴자의 거리를 더 풍요롭게 채워갔다. 이 글을 읽고 있는 분들도 국내여행 중에, 들어가 봤지만 딱히 사고 싶은 것도 없고 손님보다 직원들이 더 많은 썰렁한 지역특산물 전시관을 보며 아쉬움을 느낀 적이 있을 것이다. 일본 정부도 해외 관광객 유치를 위해 이 문제를 타개하고자 했다. 이들의 해법은 도쿄를 통해 지방을 살아나게 하는 것이었다. 긴자에 가면 각 지역을 대표하는, 보기만 해도 사고 싶어지는 독특한 선물용 식품부터 잡화, 그 지역의 음식과

1 건물 전체에서 한 브랜드가 가진 철학과 제품군을 모두 만나볼 수 있는 일본 브랜드관의 효시. 물건만 있으면 팔리는 시대에서 물건의 품질이 좋아야 팔리는 시대로, 다시 그 물건의 철학에 공감하며 사는 시대로 이행하는 변화를 읽어내어 만든 선구자적 빌딩.

주류를 갖춘 명품 레스토랑을 품은 지역 브랜드관이 즐비하다. 도쿄에 온 외국 관광객들에게 지역의 매력을 최대한 체험하게 하고, 다시 일본을 방문할 때 그 지역에 가보도록 유도하는 이상적인 로컬 브랜드관의 모습이다. 도쿄가 살아나야 지방도 살아난다는 일본의 '지방 창생' 정책이 100% 성공했다고 할 수는 없지만, 적어도 긴자는 해외 명품뿐 아니라 세계로 뻗어가려는 일본제품 및 문화가 모두 모인 '브랜드 거리'로 거듭났다.

'Borderless, Timeless, Ageless', 긴자 식스의 탄생

여기서 드는 궁금증 하나, 국내외에서 사람들이 모여드는 일본 최고 상업지구 긴자의 최고 땅값은 과연 얼마일까? 2022년 공시지가 기준으로 긴자 사거리에 위치한 야마노악기 긴자본점 건물이 평당 약 1억 8000만 엔으로 버블 시절의 지가를 넘어섰다. 최근 환율로 환산하면 평당 약 17억 원 정도, 한국에서 가장 비싼 땅인 명동의 네이처리퍼블릭 건물이 2023년 기준 평당 약 5억 8000만 원이었으니 비교가 될 것이다. 이렇게 비싼 땅을 개발해서 사업성을 유지할 수 있을까? 브랜딩 전략을 겸해 들어오는 슈퍼 브랜드가 아니라면 엄두를 내기 어렵다.

높은 비용만 장애물이 아니다. 긴자 역시 에도 시대부터 작은 필지에 터를 잡고 사업해온 자존심 센 건물주들이 적지 않았다. 이들을 설득해 대규모 재개발을 한다는 것은 무모한 도전에 가까웠다.

긴자 식스가 들어선 지도 어느덧 6년이 지났다. 코로나라는 공백이 있긴 하지만 나름대로 순항하고 있는 긴자 식스에 대한 '정성적' 평가는 다소 엇갈린다. 긴자 식스를 찾는 한국인들도 츠타야서점과 옥상정원, 아트리움을 꾸민 상징적인 현대미술에는 감탄하지만 상업시설로서는 한국의 백화점과 별다른 차이를 모르겠다고 이야기한다. 여의도에 건축적으로 임팩트가 더 큰 '더현대서울'이 들어섰기에 그렇게 느끼는 것도 무리는 아니다.

하지만 긴자 지구의 최대 재개발사업이었던 긴자 식스에서 짚어봐야 할 것은 눈앞에 보이는 화려함이 아니라 험난한 개발과정이다. 지역의 미래를 지키기 위해 주민들과 어느 정도 협업할 수 있는가? 경제적인 수익성은 얼마나 담보할 수 있는가? 지킬 것과 버릴 것은 무엇인가? 긴자에 우뚝 선 긴자 식스를 볼 때마다 이 모든 과제를 해결한 결과물이라는 사실에 놀라는 한편, 건물 하나가 동네와 지역, 나아가 도시에 미치는 영향이 얼마나 큰지를 실감하게 된다.

그렇다면 어째서 모리빌딩은 이 난해한 긴자 식스 사업을 맡았을까? 그때까지 모리빌딩이 보여준 전략과 긴자라는 비싼 지역을 개발하는 사업은 다소 거리가 있었다. 부동산 사업에서는 입지가 가장 중요하다고 하나, 아이러니하게 디벨로퍼 모리빌딩은 소위 일류가 아닌 이류 지역을 주된 사업 대상지로 삼았다. 일류 지역은 땅값이 높고 원하는 사람도 많다. 그에 비해 이류 지역은 관심이 적어 땅값이 상대적으로 낮다. 지역가치를 높이는 개발과 운영으로 이류 지역을 일류 지역으로 바꾸는 것, 이것이 바로 모리빌딩의 성장전략이었다. 그런 점에서 긴자 같은 초일류지역은 모리빌딩의 개발 대상지가 아니고, 설령 개발한다 해도 워낙 높은 땅값 때문에 개발효과가 적어서 사업으로 성립하기 어렵다고 보았다.

1990년대 말, 그런 모리빌딩에 긴자 최초의 근대적 백화점인 마쓰자카야로부터 상담 요청이 들어왔다. 나고야를 기반으로 하는 마쓰자카야 백화점은 1924년 긴자에 1호점을 오픈한 후 몇 차례의 증개축을 거쳐 긴자를 대표하는 대형 백화점으로 성장했다. 하지만 노후화된 건물로 지진 시 안전상의 문제가 우려되어 대수선 혹은 재건축을 해야 하는 상황이었다. 모리빌딩은 당시 기업의 사활을 건 롯폰기힐즈 착공 직전이라 본격적인 참여는 어려웠지만, 그들의 사업 대상지인 이류 사업지가 점점 줄어가는 와중에 새로운 사업모델에 대해 고민하던 중이었다.

마침 일본사회는 성장의 시대에서 성숙의 시대로 이행하고 있었다. 긴자 마쓰자카야 같은 일류지를 성숙한 시대에 부합하는, 더 높은 가치의 글로벌한 초일류지로 바꾸는 사업이라면 모리빌딩의 능력을 발휘할 수 있으리라 보았다. 2000년, 두 회사는 상대적으로 부담이 덜한 컨설턴트 계약을 맺고 재개발 가능성을 연구하기 시작했다.

2003년 롯폰기 힐즈 오픈 이후에도 모리빌딩은 마쓰자카야와 권리자들의 요청으로 마쓰자카야와 재개발을 공동으로 이끌고 있었다. 하지만 여전히 경험이 부족한 사업주들을 대신하여 보수를 받고 사업을 대행하는 컨설턴트이자 코디네이터라는 다소 모호한 역할이었다. 그러다 새로운 긴자룰[2]이 만들어진 2006년 이후 재개발 안건이 본격화되면서, 재개발에 동의하지 않는 권리자들의 건물을 누군가가 매입해야 하는 상황이 되었다.

모리빌딩 내부에는 긴자 식스 프로젝트에 컨설턴트로 참여하는 것은 찬성하나, 본격적 투자를 포함한 사업 참여에는 여전히 부정적인 임원들이 많았다. 심지어 매입해야 하는 건물은 하나같이 메인 거

2 31m 고도제한으로 재건축이 불가한 긴자 지역의 과제를 극복하기 위해 1998년 긴자 지역만을 위해 새롭게 제정된 룰. 건물을 도로에서 2m만 후퇴하면 최고 높이 56m에 용적 1000% 건물로 재건축이 가능해짐. 광장, 문화시설 등의 공공기여를 추가하면 용적률 추가 상향도 가능.

리에 위치한 고가의 브랜드 빌딩이었다. 앞에서도 언급했지만 모리빌딩의 사업전략은 토지가격이 상대적으로 낮은 지역 건물주들을 설득해 넓은 토지를 조성한 후, 상품기획력과 운영력으로 부가가치를 올려 이익을 보는 형태다. 토지가 모이지 않으면 가치 없는 땅을 장기간 보유해야 하는 하이 리스크 하이 리턴형 사업모델이다.

다만 긴자 지역에 있는 건물들은 조금 특별했다. 대부분 대로변에 있어서 가격이 높지만, 긴자라는 지역 브랜드 덕분에 언제든 반드시 팔리는 건물이었다. 설령 재개발이 안 되더라도 시기만 잘 정하면 단독 건물로 좋은 가격에 되팔 수 있는, 어찌 보면 낮은 리스크에 해당했다. 모리빌딩은 컨설턴트라는 애매한 입장이 아니라 신뢰를 높이는 차원에서 마쓰자카야와 절반씩 부담하여 빌딩을 매입했다. 이제 물러설 수 없는 실질적 사업 주체가 된 것이다.

왜 LVMH의 아르노 회장은 긴자 식스에 투자했을까?

긴자 식스 프로젝트가 본격적으로 가동된 2000년대 중후반은 일본 백화점이 큰 소용돌이에 휘말리며 재편되던 시기였다. 2007년 마쓰자카야와 다이마루 백화점은 합병하여 JFR J. Front Retailing이라는 지주회사로 재탄생했다. 백화점은 단골고객이 매출의 큰 비중을 차지하므로 전면 폐점 후 재개발하기가 쉽지 않다. 그런데도 긴자 마쓰자카야가 다른 백화점과 달리 재개발에 적극적이었던 이유는 새로운 합병회사 JFR이 '탈脫 백화점'을 선언했기 때문이었다.

하지만 2008년 9월 리먼브라더스 사태가 일어나자 향후 경제상황을 비관적으로 본 JFR은 개발에서 빠지겠노라고 통보했다. 결국 2010년 JFR은 공동 사업주체에서 최대 권리자로 물러났고, 모리빌딩이 사업 주도권을 갖고 사업화를 추진하게 되었다. 긴자 식스를 성공시켜야 하는 막중한 책임은 모리빌딩의 새로운 과제이자 도전으로 돌아왔다.

유통기업 JFR은 리먼 사태를 상당히 비관적으로 봤지만, 디벨로퍼 모리빌딩은 그렇지만은 않다고 판단했다. 돌이켜보면 모리빌딩의 최초 대규모 복합 재개발사업인 아크 힐즈도 두 번의 오일쇼크를 거치며 탄생했고, 롯폰기 힐즈도 버블 붕괴 후 본격적으로 움직였다. 경제상황이 악화되면 권리자들의 분위기도 위축되고 건축비와 토지가격도 내려가기에 오히려 사업은 더 쉬워진다. 도심 재개발을 하는 디벨로퍼들 입장에서는 미니버블 때보다 리먼 사태 이후가 사업을 추진하기에는 더 용이했다. 모리빌딩은 오랜 경험을 통해 그걸 알고 있었기에 과감한 도전을 했지만, 그 배경에는 믿는 구석이 또 하나 있었다. 리먼 사태와 긴자 식스에 대해 모리빌딩과 같은 판단을 한 또 다른 투자자가 있었기 때문이다. 그 주인공은 바로 명품 브랜드로 유명한 루이비통그룹(이하 LVMH)이었다.

LVMH는 루이비통과 디올을 포함해 수많은 명품 브랜드를 보유한, 2024년 현재 〈포브스〉 선정 세계 1위 부자인 베르나르 아르노가 오너인 패션 재벌그룹이다. 그들은 세계 각지의 유명 백화점과 쇼핑몰에 자신의 브랜드가 입점하면 부동산 가치가 오르는 것을 목격했고, 이에 아르노는 쇼핑몰 개발에 직접 투자하고자 부동산개발펀드인 LRE L Real Estate를 조성하기도 했다. 이 펀드는 당시 일본에서 미쓰이 부동산과 함께 고베 도심 안건을 추진 중이었는데, 모리빌딩이 긴자 식스 프로젝트를 들고 적극적인 구애에 나섰다. LVMH가 이 사업에 테넌트이자 투자자로 참여한다면 경제위기에서도 프로젝트가 안정적으로 돌아갈 수 있다고 본 것이다.

LVMH의 참여 가능성이 높아지면서 사업이 궤도에 오르던 2011년 3월 11일, 동일본대지진이 일어났다. 일본 전체가 절망적인 상황에 빠졌지만, 한편으로는 지진에 강한 건물로 재개발해야 한다는 분위기도 조성되기 시작했다. 도쿄 전체가 어둠에 잠긴 그날, 자가발전으로 환하게 불을 밝힌 롯폰기 힐즈 덕에 모리빌딩에 대한 평가가 완전히 달라진 것도 한몫했다. 위기는 기회가 되었고, 2011년 7월 대다수

▲다니구치 요시오 설계로 최종 9개의 분절된 파사드로 정리된 긴자 식스의 저층부 전경. 중앙부의 GSIX 로고가 있는 게이트를 제외하면 좌측 펜디부터 시작해 발렌티노, 생로랑, 반클리

프, 셀린느, 디올 등 LVMH가 브랜드관 6개를 긴자의 메인 거리에 소유하게 되었다. 우측 게이트와 셀린느 사이의 연두색 점포가 남측 코너에서 이전한 미쓰이스미토모은행 긴자지점이다.

권리자의 동의를 받아 도쿄도에 도시계획 제안서를 제출하기에 이르렀다.

다만 재개발 계획을 최종 확정하려면 LVMH와의 마지막 조정이 필요했다. LVMH는 대지진에도 불구하고 투자의지가 굳건했다. 대신 모리빌딩이 자신들과 동등하거나 혹은 그 이상의 투자를 해줄 것을 요구했다. 또한 두 회사와 함께 사업을 진행할 일본 금융기관들은 국내 실적이 없는 외국계 LRE를 신용하지 않았다. 즉 믿을 만한 부동산 개발 경험이 있는 또 다른 사업주체의 참여가 필요했다. 미쓰비시, 스미토모 등 종합상사계 디벨로퍼들과 협의한 끝에 스미토모상사가 세 번째 투자자 겸 사업주체로 참가하게 되었다. 최종적으로는 기존 최대 권리자 마쓰자카야를 포함하여 4개 주체에 의한 사업으로 결정되었다.

백화점이 아닌 새로운 쇼핑몰 형태의 상업부문에 대해서는 4개 주체가 함께 위원회를 조성한 후 각자의 강점을 살린 공동운영체제를 만들었다. 이런 험난한 과정을 거쳐 마침내 2017년 3월, 4곳의 주체가 함께 만들고 운영하는 긴자의 새로운 복합거점 '긴자 식스'가 오픈하게 된다.

변하는 것과 변하지 않는 것이 공존하는 건축

긴자 식스가 오픈하기까지는 4곳의 사업주체 외에도 동의를 구해야 할 대상이 있었다. 긴자 지역에는 일본 최고의 상업지역에 걸맞게 '긴자단나[3]를 주축으로 결성된 강력한 상인연합회인 긴자거리연합회가 존재했다.

긴자의 주역인 긴자단나들은 상업뿐 아니라 좋은 동네를 만들기 위해 오랜 기간 노력해온 만큼 건축과 도시계획에도 관심이 많았고 그 의지 또한 남달랐다. 모리빌딩은 이들의 도움 없이는 사업이 어렵다는 것을 알고 마쓰자카야 백화점과 함께 초기부터 최적의 복합개발안을 제안하며 이해를 구했다. 하지만 인근의 시오도메처럼 1층 거리가 죽어 있는 개발계획으로 오해한 긴자단나들의 강한 반대에 부딪혔다. 모리빌딩은 긴자다움을 구현하고 긴자단나들과 대화도 통하는 건축가를 찾아야 했다.

그러다 알게 된 사실이 있었다. 흥미롭게도 긴자 커뮤니티는 와세다대학과 함께 일본 사학의 양대명문 중 하나인 게이오대학 출신자들이 주도하고 있었다. 심지어 초등학교부터 게이오를 나오지 않으

3 근대화 시기부터 긴자에 터를 잡고 장사하며 긴자를 일본 최고의 상업지구로 만든 남성 상인들.

▲다니구치 요시오가 설계한 긴자 식스 디올관 파사드와 상층부 처마 및 저층부 포럼.

면 커뮤니티에 입성하기도 힘든 분위기였다. 그런데 게이오대학에는 건축학과가 없다. 당연히 게이오 출신의 일본 건축가를 찾기란 무척 힘들었다. 그러다 힘겹게 찾아낸 이가 있으니, 바로 뉴욕현대미술관MoMA 신관 설계로 유명한 건축가 다니구치 요시오였다. 게이오와의 인연은 다니구치의 아버지이자 유명 건축가인 다니구치 요시로가 1937년 현재의 게이오초등학교를 설계함으로써 시작되었다. 게이오대학 기계공학과를 나와 하버드에서 건축을 전공한 다니구치 요시오는 아버지를 이어 게이오초등학교의 체육관과 교실, 카페 등의 증개축을 맡을 정도로 게이오와 각별한 인연을 맺고 있었다. 긴자의 품격을 위해서도, 긴자단나들과의 대화를 위해서도 가장 적합한 건축가이자 실력자였다.

LVMH가 최종 사업참여를 결정하면서 긴자 식스의 전면에 4개의 브랜드관을 짓는 실질적인 과제가 주어졌다. 그중에서도 가장 상징적인 디올관 파사드 설계를 의뢰받은 다니구치 요시오는 부분과 전체의 공존을 적극적으로 고민하기 시작했다. 드디어 기본설계의 마지막 단계인 2013년, 그는 고민에 대한 해답으로 '히사시(처마)'와 '노렌(포렴)'이라는 개념을 제안했다. 상층부 각층에는 처마를 드러냄으로써 전체적인 통일감을 꾀했고, 저층 상업부문의 메인 거리변은 그 처마에 포렴이 걸려 있는 듯 파사드를 디자인하여 각 점포의 개성과

감각을 표현하겠다는 설계였다.

다니구치의 표현을 빌리자면 이렇다.

"긴자 6초메에 들어선 긴자 에리어 최대 상업시설. 상층부 오피스 부분의 주위에 걸쳐진 '히사시'가 계획 전반의 통일성을 강조하고, 하층부에 걸쳐진 '노렌'이 보행자 공간의 활기를 연출한다. '노렌'은 일정한 지침하에 각 점포가 자유롭게 디자인할 수 있고, 영업을 지속하면서 외부에서 교체하는 것도 가능하다. 긴자 식스 같은 상업건축은 유행에 따라 점포의 외관과 사인을 그때그때 교체할 수 있는 것이 이상적이다. 특히 상업건축은 변하는 부분과 변하지 않는 부분의 공존이 필수다. 건물 전체의 뼈대인 스테인리스로 만든 히사시는 수십 년 후에도 지금처럼 거리의 모습을 계속 비추고, 브랜드에 의해 자유롭게 디자인되는 노렌은 시대와 함께 계속 변해가길 바란다."

각 브랜드는 파사드(노렌) 디자인으로 각자의 개성과 감각을 보여주되, 건물 전체는 여러 겹으로 걸쳐진 처마들로 통일성을 보여주자는 뛰어난 해법이었다. 권리자들도 상업주체들도, 긴자동네만들기회의도 이 건축안에 찬성하면서 설계상의 최대 난제가 풀렸다. 건축가의 탁월한 역량이 빛을 발한 순간이었다.

긴자 식스 프로젝트에 직접 참여한 것은 아니지만 이와 관련된 추억이 많다. 실은 긴자 식스 사업기간 중 모리빌딩은 삼성동 인터컨티

넨탈 호텔 대수선 및 증개축과 신타워인 파르나스타워 개발사업의 컨설팅으로 참여하고 있었다. 당시 나와 모리빌딩은 인터컨티넨탈 호텔이 세워진 1980년대 후반과는 사뭇 달라진 테헤란로의 위상에 걸맞은 전면 재건축과 신타워 개발의 중요성을 역설했다. 한국 최고의 업무 중심지이자 강남의 상징가로인 테헤란로의 첫 입구가 지금처럼 대로변 호텔 드롭존과 차량램프에 머문다면, 땅의 가치를 제대로 살리지 못한다고 보았다. 기존 호텔 고객용 차량 드롭존과 램프를 뒤로 돌리고, 테헤란로와 면해서는 호텔 라운지와 함께 좀 더 품격 있는 테넌트들로 채워진 저층부를 제안했다. 아울러 삼성역 사거리 코너에는 테헤란로의 새로운 아이콘이자 복합건물의 게이트가 되는 롯폰기 힐즈 메트로햇 같은 유리 아트리움 건물을 제안했다. 저층부 테넌트로는 뒤쪽 앵커인 현대백화점과도 어울리는 LVMH를 추천했다. LVMH는 당시 일본뿐 아니라 서울에도 관심이 있었기에 적극성을 보였다.

하지만 LVMH는 긴자 식스처럼 그들만의 단독 점포를 일부 소유하기 원했기에 사업주와 견해가 맞지 않았고, 호텔 드롭존에 대한 생각이 엇갈려 최종적으로 반려되었다. 이후 기존 호텔의 전면 드롭존과 램프유지안을 전제로 진행되어 현재의 모습이 되었다.

개인적으로 파르나스 프로젝트는 기존 호텔 증개축과 지하 파르나스몰 조성, 그리고 신타워 개발에 마지막 단계까지 함께하여 완성도를 올렸기에 가장 애착이 가는 만큼 아쉬움이 남는다. 영동대로변이 뉴욕 타임스 스퀘어처럼 다양한 미디어 광고가 가능해져서 화려하게 바뀐 지금의 파르나스타워 앞을 지날 때면, 테헤란로와 함께하는 저층부와 사거리에 빛나는 아이콘을 가진 1차안이 여전히 조금 더 낫지 않았을까 싶다.

글로벌 긴자를 위해 새롭게 들어선 전략시설들

긴자 식스의 네이밍을 들여다보면, 긴자6초메에 위치했다는 뜻 외에 도시의 글로벌 경쟁력을 끌어올리는 거점이 되겠다는 의지도 담고 있다. 최고의 가치를 추구하는 전 세계 사람들을 긴자로 끌어들여 긴자를 최첨단 상업지구로 견인하는 6성급 시설이 되겠다는 포부다. 그러기 위해서는 하드웨어뿐 아니라 소프트웨어, 즉 컨셉에 맞는 콘텐츠와 전략시설이 필요했다.

긴자에 최고 수준의 글로벌 관광객과 플레이어들이 오게 하려면 어떤 것들이 필요할까? 긴자는 과거에 수많은 화랑과 신문사들이 있었던 곳이다. 상업 중심지로 진화하면서 다소 힘을 잃은 문화기능과 업무기능, 그리고 폭발하는 관광객을 위한 지원기능이 우선 요구되었다. 4곳의 사업주체는 그동안 쌓아온 힘을 합쳐 지역의 요구에 부응하는 새로운 전략시설을 하나씩 만들었다.

우선 긴자의 미래를 위해서는 안정적인 지역 내 활동인구가 있어야 한다는 것이 지배적인 의견이었다. 상업만으로는 시간대별, 요일별 편차가 심하니 이를 해결하기 위해서는 주간 활동인구인 오피스 워커와 야간 활동인구인 호텔 이용객 및 주거민이 필요하다고 보았다. 그리하여 도쿄에서 한 층 면적으로는 가장 넓은 편인 임대전용면적(약 1857평)을 갖춘 오피스가 상층부 7개층에 걸쳐 입체적으로 들어왔다. 1만여 평에 이르는 오피스 내부는 글로벌 스탠더드 수준으로 기획되어 긴자에 새로운 기업과 근무자 3000여 명을 불러모았다. 긴자가 상업만이 아니라 시대를 리드하는 문화예술인들과 오피스 워커들이 함께하는 지역으로 진화하기 위한 첫걸음이었다.

대규모 개발은 거대한 규모 때문에 경관 훼손이나 지역상권과의 충돌 등의 문제를 일으키지만, 바꾸어보면 그만한 규모이기에 제공할 수 있는 기능도 많다. 긴자 식스에는 글로벌 긴자로 진화하기 위한 전략적 시설 외에 지역민들의 일상을 위한 시설도 함께 조성되었다. 그중 하나가 이 지역에 절대적으로 부족한 녹지공간이다. 옥상 전체에 일부 공조설비 부분을 제외하고 조성된 약 4000m²의 긴자 최대

▲다양한 아티스트의 작품과 함께하는 긴자 식스 아트리움 내부.

▲다양한 이벤트에도 활용되는 녹지공간으로 조성한 긴자 식스의 옥상정원.

규모 옥상정원은 쾌적함과 기존 긴자에 없었던 개방감을 선사한다.

한편 화려한 긴자 식스의 외관에 눈이 먼저 가다 보니 잘 모르고 지나치는 부분도 있다. 긴자 식스에는 500대분의 자동차 주차장과 지역민들을 위한 500대분의 자전거 주차장이 관광버스 정류장 아래 지하에 따로 마련되어 있다. 긴자는 완전한 직주일체까지는 아니어도 도심 활성화를 위해 지역과 그 주변에 지속적으로 주거기능을 강화하고 있으며, 그 일환으로 주변 거주민의 주된 이동수단인 자전거 주차장을 대규모로 설치한 것이다. 또한 재해에 대비하여 3000명분의 비상식량과 물품을 보관한 비축창고도 지하에 있다. 아무리 잘 지어도 지역민의 사랑을 받지 못하는 상업시설은 실패한다는 원칙을 염두에 둔 결과다.

긴자의 스토리를 따라가다 보면, 자연히 우리 명동의 예전 모습을 떠올리게 된다. 명동은 강남 개발로 예전보다 힘을 잃다가 외국 관광객들의 유입으로 부활하는 듯했으나, 코로나 사태를 맞으며 다시 쇠퇴했다. 최근 들어 활기를 되찾고 있지만, 여전히 관광객에 의존하는 지금의 명동이 과연 지속성 있는 동네일까? 명동이 예전의 매력을 되찾고 지속성을 갖추려면 어떻게 해야 할까? 긴자와 긴자 식스는 이 질문에 참고할 만한 답이 아닐까 싶다.

우선 긴자는 주변 지역 전체를 아우르는 큰 그림을 그리면서 차량과 공존하는 보행자 중심의 메인 거리를 살려냈다. 상상해보자. 만약 보행보다 차량이 중심이 된 남대문로를 메인 거리로 부활시킨다면 명동은 어떻게 달라질까? 또한 긴자는 대로변의 글로벌 브랜드관과 긴자 식스, 도큐플라자 같은 대형 상업시설이 골목 안의 작은 노포들과 공존하며 다양성을 보여준다. 명동 상권과는 분리된 듯 느껴지는 길 건너의 롯데, 신세계 백화점과 골목 안 점포들의 공존과 진화를 시도한다면 훨씬 다채로운 거리가 되지 않을까? 긴자는 새로운 복합개발을 통해 안정적 주간인구 확보가 가능한 대규모 오피스를 품으면서, 미래를 위한 새로운 도시 인프라와 품격 있는 점포들도 유치했다. 명동 역시 기존처럼 오피스로만 재개발할 것이 아니라, 외환은행 본점 등 추후 행해질 대규모 재개발을 명동 내부와 함께 상생하는 복합재개발로 완성해야 할 것이다.

긴자는 근대화 시기에 벽돌거리로 화려하게 등장한 이래 항상 시대의 첨단을 걷는 것이야말로 이 지역의 전통이라는 자부심과 원칙을 갖고 발전해왔다. 활기와 품격, 해외 명품 브랜드와 노포, 대로와 골목… 이질적인 것을 거부하지 않고 서로 배워서 성장한 것이 긴자의 특징이며, 서로의 가치를 존중하고 각자 개성을 발휘하면서 만든 긴자의 깊이야말로 가장 큰 공유자산이라 할 것이다.

긴자 식스와 함께 보면 좋은 것들

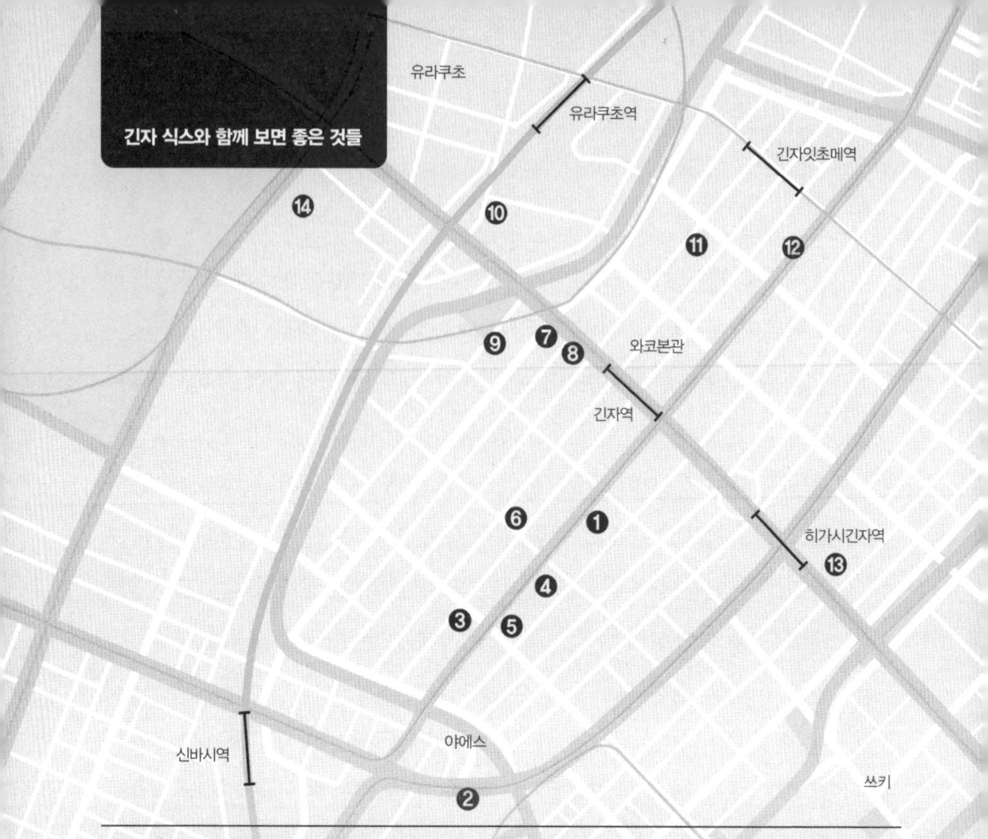

유라쿠초
유라쿠초역
긴자잇초메역
⑭ ⑩ ⑪ ⑫
⑨ ⑦ ⑧
와코본관
긴자역
⑥ ①
히가시긴자역
⑬
④
③ ⑤
야에스
신바시역
②
쓰키

❶ 긴자 식스와 츠타야서점, 옥상정원
: 관광 허브로서 관광버스 정차장과 편의점 로손이 있는 인포메이션 센터.

❷ 옛 신바시정차장 : 일본 최초의 기차역으로 시오도메 지역 재개발과 함께 복원.

❸ 시세이도팔러 긴자본점 : 리카르도 보필이 설계한 시세이도 창업의 땅.
새로운 긴자 룰에 따라 재건축된 첫 건물.

❹ 니콜라스 지 하이에크 센터 : 6개의 일층 브랜드관 자체가 위층 매장으로 바로 연결되는 스와치그룹 플래그십. 시게루반 설계.

❺ 야마하긴자 : 상층부 음악홀과 함께하는 일본 악기의 대명사 야마하 플래그십.

❻ 바니스뉴욕 긴자 : 역사적 건물 고준사 빌딩의 일부 외관을 남기며 입점.

❼ 소니빌딩 : 긴자 브랜드관 거리의 역사적 시작점.

❽ 에르메스 긴자 : 긴자에 진출한 글로벌 브랜드 건물의 효시.
렌조 피아노가 설계한, 거리로 빛나는 유리블록 외벽이 특징.

❾ 도큐플라자 긴자 : 도큐의 긴자 첫 진출작.

❿ 한큐 맨즈 도쿄 : 마루노우치 근무 젊은 여성들을 긴자 쪽으로 오게 만든 1984년 오픈한 유라쿠초마리온이 전신.

⓫ 무인양품 플래그십 스토어와 무지호텔 긴자.

⓬ 이토야문구 긴자점 : 1904년 창업한 문구전문점 이토야의 플래그십.

⓭ 가부키자 타워 : 구마겐고 설계의 긴자 가부키좌 재개발과 함께 들어선 오피스 복합타워.

⓮ 도쿄 미드타운 히비야 : 긴자 배후인 극장동네 히비야 재생을 위한
앵커사업으로 개발된 복합개발과 가로변 고질라 광장.

PART 3

라이프스타일을 제안하는 개성 있는 동네

패션문화의 성지
오모테산도를 만든 작은 빌딩

▶프롬 퍼스트와 라포레 하라주쿠

우리는 언제부터 소위 시내라 부르는 종로, 명동, 강남이 아니라 성수동, 한남동, 연남동처럼 생활감 있는 동네에서 약속을 잡기 시작했을까? 서울 출신이 아닌 나로서는 간혹 궁금해질 때가 있다. 주위 분들에게 물어보니 88서울올림픽 이후 1990년대 초반 대학로와 홍대 앞, 압구정 등에서 그러한 흐름이 시작된 듯하다는 경험을 공유해 주었다. 빠른 경제성장 덕에 풍요로움을 맛본 첫 세대, 흔히 X세대라 불리는 70년대생들이 소비를 주도하며 '동네 즐기기'라는 흐름이 일었고, 기존에 없던 그들만의 감성에 맞는 지역이 하나둘 떠올랐다는 것이다.

이 지역들의 공통점은 우선 대중교통이 편한 중심지면서도 번화가로부터 살짝 벗어난 주택가라 임대료가 상대적으로 저렴했다는 점이다. 이러한 이점을 기반으로 디자인이나 패션, 출판, 공연 등 문화산업 종사자들이 모이면서 사무실도 자연스럽게 자리잡기 시작했다. 감도 높은 그들의 눈높이에 맞는, 즉 시대를 리드하는 문화공간과 점포와 식당들이 들어오자 해당 동네는 점차 자기만의 분위기를 갖추기 시작했다. 새로운 소비층이 정형화된 백화점보다 분위기 있는 거리와 그에 어울리는 매장에 반응했기에 새로운 소비문화의 중심지로 떠오른 것은 어찌 보면 당연하다 하겠다.

기존의 도심이 아닌 새로운 동네의 부상

도쿄도 마찬가지였다. 기존의 도심이 아닌 새로운 동네가 각광받기 시작한 것은 전후 고도경제성장기를 거치며 풍요롭게 자란 베이비부머들이 20대에 진입한 1970년대부터다. 서울과 조금 다른 점이 있다면, 도쿄는 그 동네를 사랑하는 동네 프로듀서와 디벨로퍼들에 의해 그러한 동네들의 인기가 유지되고 있다는 것이다. 우리는 압구정이 최근 다시 살아나고 있긴 하지만 대학로와 홍대 앞은 예전 같지 않고, 사람들의 관심은 삼청동, 가로수길 등으로 옮겨갔다가 최근에는 성수동, 연남동, 익선동, 을지로 등으로 다시 이동하고 있다. 도쿄는 그와 달리 중심이 되는 한 지역이 계속 인기를 유지하며 주변으로 확산, 연계되는 형태를 띤다.

그렇다면 이쯤에서 자연스럽게 궁금해질 것이다. 1970년대 이후부터 도쿄의 중심에서 굳건히, 그리고 꾸준히 라이프스타일을 선도하며 새로운 세대에게도 인기를 얻고 있는 지역은 어디일까? 여러 곳이 있겠지만 하나를 꼽으라면 단연코 오모테산도일 것이다.

앞으로 뜰 것 같은, 소위 잠재력 있고 좋은 동네를 판단하는 기준 중 하나는 명확한 메인스트리트가 있는가 여부다. 경의선 숲길, 신사동 가로수길, 성수동 연무장길 등을 떠올리면 이해하기 쉬울 것이다.

이러한 곳들은 탄탄한 배후지를 지닌 지역 내 중심지가 되기 쉽다. 그 배후에 양질의 주거지나 대학교, 대규모 공원 등이 갖추어지면 좋은 동네로 성장할 수 있다. 그러한 측면에서 오모테산도는 양호한 도심 주거지와 더불어 메이지신궁과 아오야마가쿠인대학 등 좋은 배후기반을 지니고 있다. 여기에 오모테산도라는 상징적인 메인스트리트까지 존재하니 좋은 동네가 될 기본 골격을 충분히 갖춘 셈이다. 실제로 패션 및 명품 브랜드들의 플래그십 거리로 대변되는 오모테산도를 살펴보면 북쪽에는 영패션을 주도하는 하라주쿠가, 남쪽에는 좀 더 차분한 동네인 아오야마가 양 끝단에 버티고 있다. 한 곳도 아닌 두 곳의 패션 거리가 존재하는 셈이다.

하지만 골격과 입지가 훌륭하다고 해서 전부 뜨는 동네가 되거나 문화의 중심으로 성장할 수 있는 것은 아니다. 오모테산도가 지금처럼 일본 패션과 라이프스타일의 성지로 자리매김한 것은 선도적인 프로젝트가 있었고, 그 과정에서 선구자 역할을 한 탁월한 라이프스타일 프로듀서가 존재했기 때문이다. 동네의 라이프스타일을 바꾸는 선구자라니 다소 생경할지도 모르겠지만, 지금으로부터 48년 전인 1975년, 오모테산도의 남측 주택가에서 조용하고 강한 변화가 이미 일어나고 있었다.

건축 프로듀서가 아닌 라이프스타일 프로듀서, 하마노 야스히로

최근에는 명함을 앱으로도 주고받지만, 대부분의 비즈니스맨들은 여전히 종이명함을 교환한다. 회사명과 이름 옆에 건축사, 변호사, 마케팅 실장 등 어떤 일을 하는 사람職能인지를 한 단어로 표현해 자신을 소개하는 것이 명함의 기능이다.

모리빌딩에서 일할 때 나는 늘 이 부분이 고민이었다. 2010년 한국지사의 지사장을 맡고 나서는 조금 덜했지만, 내가 어떤 일을 하는지 한 단어로 표현하기가 어려웠다. 기본적으로 내 업무는 복합개발 프로젝트의 컨설팅이었지만, 종합 디벨로퍼 모리빌딩을 대신하는 만큼 업무가 광범위했기 때문이다. 초기 시장조사를 통한 컨셉 설정부터 마스터플랜 책정, 이후 상품계획과 상품별 건축가 선정, 실행단계로 접어들면 주요 테넌트 선정과 실제 유치작업 지원, 완공시점이 다가오면 운영계획 책정을 포함한 오픈 준비와 오픈 후 안정화 지원 등, 개발 초기부터 오픈 후까지 모든 일에 참여해야 했다. 이 업무를 한 단어로 표현하기가 어려워서 일단 초기는 '프로젝트 매니저'라는 이름으로 시작했다.

이런 고민을 미국 설계회사들과 공유하니 그들은 당신이 하는 일을 미국에서는 '피Fee 디벨로퍼'라 부른다고 알려줬다. 말하자면 디벨로퍼 역량이 없는 토지주나 사업주를 대신해 보수를 받고 각 전문가들을 코디하면서 프로젝트 전반을 이끌어가는 사람이라는 것이었다. 하지만 디벨로퍼 개념도 덜 알려져 있던 한국에서 이 표현은 더욱 쓰기 어려웠고. 그 후에도 명함을 내밀면서 항상 어떤 일을 하는지 설명해야만 했다.

일본에서도 50년 전, 비슷한 고민을 한 사람이 있었다. 바로 오모테산도라는 지역을 바꾸어간 주인공이자 개인적으로는 일본 박사과정 시절 많은 영감과 가르침을 얻은 하마노 야스히로다. 그는 경제적 풍요를 누린 베이비부머들로 새로운 시대를 맞은 일본의 도시개발에서 두각을 드러냈다. 그는 거리와 동네를 강조했으며, 그의 생각과 작품에 영향을 받은 많은 후배들이 라이프스타일 강국 일본을 이끌었다 해도 과언이 아니다.

1941년 교토에서 태어난 하마노 야스히로는 일본대학 영화연출학과에 재학 중이던 1960년대 중반부터 서브컬처 시대가 도래하자 잡지발행 및 새로운 업태의 상업시설을 신주쿠와 시부야에 만드는 데 참여했다. 그는 시대를 꿰뚫는 안목과 뛰어난 기획력으로 패션업계뿐 아니라 디자인, 아트, 건축분야에 이름을 알렸고 1970년에는 첫 저서《패션화 사회》가 10만 부 넘게 팔리며 대중적인 인지도를 얻었다. 같은 해에는 화려함을 떠난 일상생활 전체를 제로에서 재조명하는 '질소質素혁명'을 제안하기도 했다.

그가 처음부터 지역의 문화와 산업을 존중하는 개발사업을 평생의 업으로 삼은 것은 아니다. 그는 때마침 참여한 인도네시아 발리 리조트 개발사업에서 거대자본의 무분별한 개발이 낳은 폐해를 목격했고, 이를 계기로 지역과 생활문화의 중요성에 눈뜨게 되었다고 한다. 또한 패션 비즈니스를 하며 파리와 유럽의 선진도시를 깊이 들여다보는 과정에서, 도시의 건물과 도로와 광장이라는 물리적 환경이 커먼센스(기본 소양)를 양성하는 데 큰 역할을 하고 그 연장선상에 '커먼 스페이스(공유공간)'라는 개념이 존재한다는 사실을 깨달았다. 건물의 안과 밖이라는 물리적 관계, 공과 사라는 소유 개념, 그 어디에도 속하지 않는 새로운 영역인 커먼 스페이스를 인식한 것이다. 그 후 그는 사업주와 테넌트 사이에서 도시를 위한 공유공간을 만드는 종합 프로듀서가 되기로 결심한다.

처음에는 '건축 프로듀서'로 자신을 소개했다가 최근에는 자신을 '라이프스타일 프로듀서'라 표현하는 것도 하마노의 이러한 업력과 맞닿아 있다. 스트리트 프로듀서이자 라이프스타일 프로듀서이면서 종합 프로듀서인 하마노가 가장 사랑하고 직접 살면서 바꾸어간 동네가 바로 아오야마, 오모테산도 지역이다.

일과 거주, 놀이가 공존하는 동네의 시작

제대로 된 개발이 좋은 동네를 조성하고 성장시키는 것은 맞지만 한 명의 인식과 결심만으로 일이 이루어지는 것은 아니다. 뜻을 같이하는 사업 파트너가 필요하다. 하마노는 29세에 같은 나이인 건축가 안도 타다오와 함께 고베 지역의 건물주들에게 지역문화와 산업을 중심으로 하는, 커먼 스페이스가 있는 새로운 동네를 만들어가자고 제안했지만 성사되지 않았다. 그때 한 기업을 만났다. 탄광이라는 1차산업을 벗어나 새로운 전환을 꿈꾸던 태평양흥업이었다. 이 기업이 하마노에게 광산업에서 생활산업회사로의 재구축을 위한 기업전략과 브랜딩, 플래그십 사업 전체에 대한 종합 프로듀싱을 의뢰한 것이 종합 프로듀서 하마노의 시작점이 되었다.

하마노는 새로운 기업 브랜딩과 라이프스타일을 제안하기 위한 컨셉을 먼저 세우고, 그 컨셉에 맞는 후보지를 이후에 찾아갔다. 최종 선정한 컨셉을 보여주는 플래그십 장소는 상업점포가 전혀 없던 오모테산도 남측의 한적한 주택가 아오야마의 네즈미술관 옆 부지였다. 하마노가 아오야마를 최종 선택한 이유는 패션, 아트, 디자인 관계자들, 즉 창의력을 기반으로 일하는 사람들이 이 지역에 가장 많이 모여 있었기 때문이다.

창의력의 근원은 무엇일까? 오피스에 앉아서 남다른 아이디어가 나올 리 만무하고, 하루 종일 나가서 이곳저곳 둘러본다 해서 성과를 낼 수 있는 것도 아니다. 과거에는 근대도시계획 사상에 따라 도시를 기능별로 분류했다면 최근에는 일과 거주, 놀이를 한 곳에서 즐길 수 있는 곳들이 환영받는다. 하마노는 일찍이 이 점에 착안했다. 그는 직주락職住樂을 다시 하나되게 하여 24시간 언제든 즐겁게 놀면서, 일하면서, 살 수 있는 장소를 만들고자 했다. 이게 성공한다면 이 지역은 젊은이들의 거리 하라주쿠와는 다른, 성숙한 어른들의 세련된 동네로 성장해갈 것이라 확신했다.

여기서부터 새로운 동네를 만들어간다는 의미를 담아 건물명은 '프롬 퍼스트From 1-st'로 정했다. 건물을 설계할 건축가로는 영국에서 갓 돌아온 야마시타 가즈마사를 선정했다. 그는 직주락 일체형 복합 건물과 거리를 잇는 연장선의 개념으로 건물 내부에 커먼 스페이스를 만들자는 취지에 공감했다. 건물의 저층에 위치한 상업구역은 지역성에 맞게 패션거리로 활성화하고자 일본 패션의 선구자인 이세이 미야케, 가와쿠보 레이 등 하라주쿠와는 다른 품격 높은 디자이너 브랜드로 채웠다. 아울러 도쿄도에 제안해 오모테산도와 이어진 건물 앞의 '미유키 거리'에 은행나무를 새로 심었다.

프롬 퍼스트는 의도대로 큰 반향을 불러일으켰고 건물 내 패션점

▲'패션을 중심으로 새로운 디자인 시대의 출발점이 되는 빌딩'이라는 이름의 의미에 걸맞게 동네를 성장시키는 출발점이 된 '프롬 퍼스트 빌딩' 전경. 직주락 일체를 위해 저층부 점포 외에 상부 사무실로도 사용 가능한 테라스를 갖춘 복층타입 주거를 도입했다. 동네와 하나 된 건축을 위해 저층의 벽돌건물 외벽은 여러 면으로 분절하고, 내부는 커먼 스페이스인 내부 중정과 계단실, 브릿지 등을 사용해 회유형 동선구조로 만들었다.

포들이 성장하여 하나둘 거리의 플래그십으로 나가면서 주변의 변화를 이끈 결과, 미유키 거리는 고품격 패션거리로 탈바꿈했다. 하마노는 이 흐름을 가속화하기 위해 프롬 퍼스트와 붙어 있는 남측 부지에 안도 타다오 설계의 복합공간 '라콜레지오네'를 종합 프로듀싱했다. 현재는 북측 메이지신궁과 대치되는 거리의 남측 끝단에 대규모 자연공간을 품은 네즈미술관이 구마 겐고의 설계로 품격 있게 재건축되어 세 시설이 연합해 지역 전체의 남측 거점을 이루고 있다. '프롬 퍼스트'는 하나의 건물도 제대로 기획되고 운영된다면 동네 전체를 바꿀 수 있음을 실물로서 보여준 사례다.

캣스트리트를 바꾼 첫 빌딩 파타고니아

무려 30억 달러(약 4조 1800억원)라는 엄청난 기부금으로 화제를 모으고 있는 기업과 사람이 있다. 바로 미국 캘리포니아 기반의 아웃도어 의류회사 파타고니아의 창업자이자 등산가인 이본 쉬나드다. 그는 〈뉴욕타임스〉 인터뷰에서 자신과 아내, 두 자녀가 소유한 회사 지분 100%를 기부했다고 밝혀 세상을 놀라게 했다.

흥미롭게도 이본 쉬나드와 하마노의 인연은 깊다. 이본 쉬나드는 미국 몬타나주에 별장을 두고 플라이낚시와 아웃도어 라이프를 즐기며 자연과 하나되는 삶을 추구했다. 이본 쉬나드와 만나 그의 기업철학에 공감한 하마노는 곧이어 함께 자연을 즐기는 친구 사이가 된다. 1990년대 중반 쉬나드는 파타고니아에 열광하는 팬이 유독 많았던 일본에 첫 매장을 내기 위해 하마노에게 조언을 구했고, 하마노는 외부에 의존하는 대신 직접 점포를 낼 것을 권했다. 입지로는 오모테산도 지역 중앙부를 관통하며 흐르다 상부가 복개된 시부야천의 중앙부 부지를 추천했는데, 서울로 치면 변화하기 전 홍대 기찻길 한가운데 있는 상상마당 정도의 위치다.

당시 갓 복개된 캣스트리트는 지금과 달리 점포도 없는 한갓진 뒷골목이었다. 벽은 낙서투성이였고 거리에는 쓰레기가 나뒹구는, 불량해 보이는 젊은이들이 떼 지어 노는 어두운 이미지의 장소였다. 그러나 하마노는 시부야와 오모테산도 사이에 위치한 이 지역의 잠재력을 일찍이 알았기에, 좋은 동네로 발전시키려면 프롬 퍼스트와 같은 기폭제가 필요하다고 보았다. 환경과 사람에 대한 높은 배려를 기업철학으로 내세우고 열광적 팬덤을 가진 파타고니아라면 그 역할을 충분히 해내리라 확신하며 이곳을 매장 입지로 추천한 것이다. 심지어 친구를 응원하기 위해 자신의 회사 '팀 하마노'도 건물 상층부로 이전하여 함께 거리의 중심에서 지역의 변화를 이끌었다.

vicca
HARE.JP
STEP AHEAD
USED CLOTHING STORE
SALE

▼캣스트리트와 변화의 첫 시작점이 된 거리 중앙부 파타고니아 매장.
(사진 중앙에 위치한 2층 갈색 박공지붕 건물)

그의 예상은 적중했다. 1998년 파타고니아가 입점한 후 하라주쿠와 오모테산도의 높은 임대료를 부담스러워하던 개성 있는 매장들과 스포츠 및 아웃도어 브랜드의 대형 매장들이 속속 들어오면서, 캣스트리트는 산책은 물론 쇼핑과 식음을 즐길 수 있는 독특한 거리로 성장했다. 오모테산도는 하나의 동네를 넘어 다채로운 동네가 함께하는 지역적 매력을 갖추기 시작했다.

하마노를 보며 동네와 거리, 지역 생활의 중요성을 깨닫고 프로듀서의 역할에서 영감을 받은 관계자들이 적지 않았을 것이다. 나 역시 그와 같은 역할을 하고 싶어 2006년 모리빌딩에 들어갔다. 그런데 하마노는 그해 오픈한 오모테산도 힐즈에 대해 맹비난을 쏟아냈다. 그는 프로듀서로서 지역민과 함께 성장시켜온 아오야마, 오모테산도에 새롭게 들어선 오모테산도 힐즈를 잘못된 개발이라 보았다. 그는 오모테산도 힐즈의 전신인 도쥰카이아파트 부지가 250m로 너무 길기에, 지역의 맥락에 맞게 5분할하여 5명의 건축가가 협업하는 구조를 모리빌딩에 제안한 바 있다.

하지만 모리빌딩은 이를 받아들이지 않고 안도 타다오에게 설계 전체를 맡겼다. 오모테산도 힐즈는 복원한 도쥰칸을 포함하면 3분할된 구조이지만, 전체적으로는 거리의 배경이 되는 건축을 표방하며 거대한 단일 톤을 띤다. 어떤 경우든 거리에 건물의 뒷모습을 보이지

▲안도 타다오 설계로 도쥰카이 아오야마 아파트를 재개발한 오모테산도 힐즈.

않는다는 하마노의 원칙과 달리, 안도는 후면도로변에는 점포를 들이지 않고 콘트리트의 긴 벽면으로 처리했다. 하마노는 옛 친구였던 안도 타다오를 포함한 모리빌딩을 거세게 비난했다.

하마노의 말대로 오모테산도 힐즈는 지역과 사람들을 배려하지 않은 건축이었을까? 부지 형상과 복합개발의 특성, 그리고 지역의 특성을 고려한 독창적인 3도 경사, 내부 언덕길 도입 등으로 어쩔 수 없는 부분도 있기에 모리빌딩으로서는 다소 억울할 수 있을 것이다. 전면부 파사드는 관점에 따라 평가가 다르므로 하마노의 의견이 반드시 맞다고만 할 수 없지만, 후면부는 나 역시 하마노의 의견에 어느 정도 동의한다. 그래서 지금도 오모테산도를 거닐 때마다 오모테산도 힐즈의 뒷길을 꼭 걸어본다. 하마노가 말한 것처럼 후면부가 죽어가는지 아니면 적응하여 다른 움직임이 일고 있는지 살펴보고 싶어서다.

프롬 퍼스트나 파타고니아 같은 작은 건물 하나로 동네가 바뀔 수 있는 것처럼, 거대한 개발은 지역에 미치는 파급효과가 더욱 크기에 디벨로퍼는 더욱더 세심하게 동네에 미치는 영향을 고려해야 한다. 좋은 동네와 지역이 탄생하기까지는 수많은 이들의 애정과 노력이 필요하며, 그중에서도 종합 디벨로퍼의 역할은 간과할 수 없다.

하라주쿠를 바꾼 패션 인큐베이터 라포레 하라주쿠

이쯤에서 오모테산도의 북쪽에 위치한 영패션 거리 하라주쿠에 대해 잠시 이야기하려 한다. 잘 알려지지 않았지만, 하라주쿠는 모리빌딩에 의해 태어난 패션성지라 해도 과언이 아니다.

1974년, 모리빌딩은 복합개발 아크 힐즈 건축에 도전하면서 다소 생소한 주택 및 상업부문에 대한 기획과 운영 노하우를 쌓기 위해 하라주쿠에 위치한 센트럴아파트 건너편 교회부지를 일부 구입했다. 당시는 시부야에 새로운 패션전문 백화점 '파르코'가 들어선 시기였기에, 모리빌딩도 이 부지에 대형 패션전문 백화점을 지으려 계획하고 있었다. 하지만 몇 군데의 유명 백화점 및 유통회사의 의향을 타진했으나 유치에 실패했다.

유명 백화점 유치에 실패한 첫 번째 이유는 상업적으로 어려운 입지였기 때문이다. 전철역에서 먼 백화점은 거의 없을 만큼 백화점의 입지는 중요하다. 하라주쿠는 일단 시부야와 신주쿠라고 하는 거대한 쇼핑 중심지에 끼어 있었고, 무려 8개층의 빌딩 형태였기에 고객이 위쪽까지 올라오기 어려울 거라는 판단이었다. 다음으로는 하라주쿠를 찾는 고객층이 대부분 젊기에 객단가가 낮아 수익성이 나지 않을 거라는 의견이 지배적이었다.

▲1978년 오픈해 하라주쿠를 패션성지로 만든 기폭제인 라포레 하라주쿠(좌). 70년대 크리에이터의 성지였던 센트럴아파트를 지역의 상징 가로수를 옥상에 품으며 재개발하여 2012년 오픈한 도큐플라자 오모테산도 하라주쿠(우).

그러나 모리 미노루의 생각은 조금 달랐다. 당시 그는 상업 전문가는 아니지만 하라주쿠에 직접 살고 있었기에 이 지역의 발전 가능성과 장래성을 막연하게나마 느끼고 있었다. 그는 젊은 층이 오기만 해도 살아남을 수 있는 새로운 상업시설을 자신 있게 추진했고, 그것이 1978년 오픈해 지금까지 이어오고 있는 하라주쿠의 터줏대감 '라포레 하라주쿠다.

그는 초창기에 테넌트적 관점에서 시부야 파르코를 염두에 둔 점포구성을 기획했으나, 지리적 차이 때문에 경쟁상대가 안 된다고 판단해 방향을 바꿨다. 다르지 않으면 살아남지 못한다고 판단한 것이다. 그는 공동건축에서 쌓아온 성공경험을 바탕으로, 하라주쿠라는 패션거리의 일원으로 함께 성장해가는 것을 '라포레 하라주쿠'의 존재가치로 상정했다. '어디에도 없는 상품이 모인 정보발신형 거점을 기획하자!'는 결심과도 같았다.

뜻을 이루려면 그에 따른 전략이 필요한 법. 모리 미노루는 하라주쿠의 골목에 자리한 작은 패션제조업체를 직접 돌면서 출점을 요청했다. 모리빌딩은 먼저 '맨션메이커(빌라 내 작은 공방형 패션제조업체)'들을 유치해 젊은 고객에게 개성 있는 패션전문시설로 어필하고자 했다. 아무래도 골목의 작은 업체들은 자금이 넉넉하지 않기 마련이다. 따라서 보증금과 고정임대료를 낮게 책정하는 대신 매출에 대한 수수료 비율을 높임으로써 영세하지만 개성 있는 점포들의 출점을 유도했다. 그렇다고 무조건 배려만 한 것은 아니다. 출점 이후에는 내부 경쟁구도를 만들어 매출성적이 좋지 않은 점포는 반기별로 15% 이상 자연도태되도록 하여, 고인물 같은 곳이 되지 않도록 했다. 최근에야 여기저기서 개성 넘치는 스몰 브랜드들이 모여 있는 공간을 제법 볼 수 있지만, 그때만 해도 그러한 곳들이 많지 않았기에 모리빌딩은 일찍이 이 점에 착안했다.

라포레 하라주쿠는 한때 영국계 대형 브랜드를 유치하기도 했으나, 여전히 처음의 정신을 잃지 않고 가장 좋은 매장인 1, 2층에 한 해 150개가 넘는 팝업스토어와 기획전을 열면서 이 동네를 키워가고 있다. 좋은 동네에는 반드시 튼튼한 터줏대감이 있다는 것을 몸소 보여주는 사례다.

최근 서울에서도 성수와 한남, 연남, 익선 등에서 좋은 동네로 나아가려는 의미 있는 움직임들이 나타나고 있지만, 여전히 힘 있는 디벨로퍼들의 중추적 역할은 부족해 보인다. 훗날 종합 프로듀서 하마노는 이 지역 터줏대감인 도큐에 나카메구로부터 다이칸야마, 시부야를 거쳐 하라주쿠와 오모테산도를 모두 잇는 '그레이터 시부야'라는 그랜드 비전을 제안했고, 최근 도큐는 정식으로 이를 채택하여 추진해가고 있다. 기존처럼 역앞만 발전하는 단순한 구조를 탈피해 다채로운 동네를 조성함으로써 지역에서 생활하는 사람 모두가 행복한 도시를 만들어가자는 제안이다. 좋은 동네와 지역을 꿈꾼다면 우리 모두 조금 더 크게, 조금 더 멀리, 조금 더 전략적으로 함께 움직여야 한다.

오모테산도에서 함께 보면 좋은 곳들

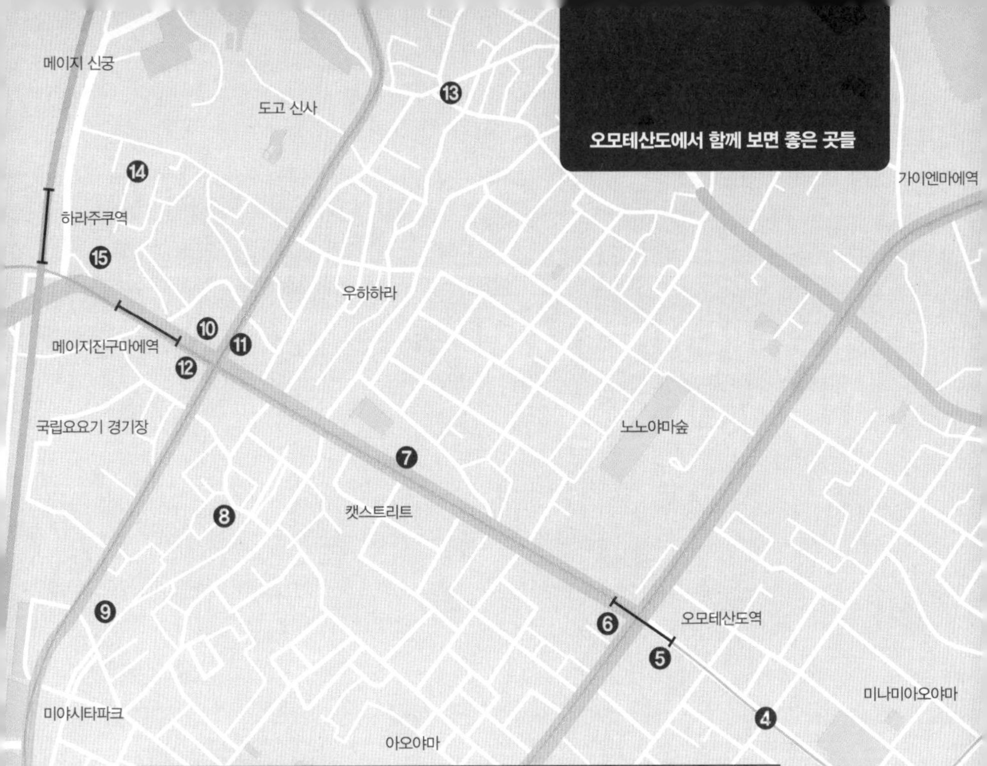

메이지 신궁
도고 신사
가이엔마에역
하라주쿠역
우하하라
메이지진구마에역
국립요요기 경기장
노노야마숲
캣스트리트
오모테산도역
미나미아오야마
미야시타파크
아오야마

❶ **프롬 퍼스트(FROM-1st)**
❷ **라콜레지오네** : 프롬 퍼스트와 함께 지역변화의 중심점으로 개발된 안도 타다오 설계 복합빌딩.
❸ **네즈미술관** : 도부그룹 창업자 네즈 가이치로의 고미술 컬렉션을 전시하는 구마겐고 설계 미술관.
❹ **프라다 아오야마점** : 헤르조그 & 드뫼롱 설계로 거리의 새로운 아이콘이 된 프라다 플래그십.
❺ **스파이럴** : 마키 후미히코가 설계한 나선형 실내통로의 이름을 딴 미술관과 카페, 상점이 함께하는 복합문화공간.
❻ **아오 빌딩** : 하마노 야스히로가 프로듀스한 오피스와 상점이 함께하는 복합타워.
❼ **오모테산도 힐즈.**
❽ **뱅크 갤러리** : 하마노 야스히로가 캣스트리트 활성화를 위해 심은 안도 타다오 설계 갤러리.
❾ **파타고니아 시부야점** : 하마노 야스히로와 이본 쉬나드가 함께 만든 캣스트리트 진화 기폭제.
❿ **라포레 하라주쿠** : 모리빌딩의 첫 상업도전으로 패션성지 하라주쿠를 탄생시킨 장본인.
⓫ **도큐플라자 오모테산도 하라주쿠** : 크리에이터 성지였던 옛 센트럴아파트 부지에 들어선 도큐의 오모테산도 진출 플래그십. 거리를 상징하는 가로수를 심은 옥상 오모하라 숲은 귀한 동네 쉼터.
⓬ **도큐플라자 오모테산도 하라카도** : 반대편 도큐플라자와 대응하며 2024년 들어선 도큐의 지역진화 플래그십 2탄.
⓭ **유나이티드 애로우즈 하라주쿠 본점** : 일본 대표 편집숍 빔스와 함께 남성 및 스트리트패션 성지 우라하라를 만든 유나이티드 애로우즈 플래그십.
⓮ **브람스 골목(Brahms Path)** : 번화한 다케시타 도오리 안쪽에 위치한 옛 골목길의 흔적.
⓯ **위드 하라주쿠** : 하라주쿠역과 번화한 다케시타 도오리를 연결하며 새로운 지역거점이 되고자 하는 도심주거 복합개발.

엔터테인먼트 시티
시부야의 완성

▶미야시타파크와 시부야 스트림

여러분은 도쿄 시부야 하면 어떤 이미지가 떠오르는가? 최근 10년 동안은 항상 공사중인 모습만 기억날 정도로 어수선했지만, 시부야는 누가 뭐래도 도쿄 젊은 층의 쇼핑과 놀이의 중심, 한마디로 엔터테인먼트적인 요소가 가득한 매력적인 동네다. 시부야가 하루 이용객 330만 명이라는 일본 최고 수준의 유동인구를 자랑하는 번화가이자 유행의 중심지로 발전한 과정에서 '도큐 키즈'를 빼놓을 수는 없을 것이다. 한국의 고도경제성장기에 고소득층과 중산층이 강북에서 강남과 분당, 판교 등으로 이주하면서 새로운 문화가 탄생하고 꽃핀 것처럼, 일본에서도 도큐 철도를 생활기반으로 하는 사람들이 새로운 유행과 그들만의 문화를 발전시켰다. 이를 강남 키즈와 같은 도큐 키즈라 부르며, 그 중심이 바로 시부야였다.

도큐가 이끈 시부야의 전성시대 :
도큐 백화점, 파르코와 시부야109 그리고 도큐핸즈

시부야 개발의 시작은 누가 뭐라 해도 도큐다. 1927년 시부야역과 요코하마역 사이를 연결하는 전철이 개통되고, 1934년 도큐가 역 터미널에 백화점을 지으면서 시부야는 단숨에 쇼핑의 중심지로 발돋

움했다. 시부야역에 들어선 도큐 백화점은 긴자나 니혼바시의 도심 백화점들과 달리 의류뿐 아니라 생활용품도 다양하게 취급하며 관심을 끌었다. 일본 최초로 노포 반찬가게와 화과자 가게를 한데 모아 큰 성공을 거두며 이후 백화점 지하식품가의 효시가 되기도 했다. 이때부터 도쿄 서남부 교외지역에 살며 도큐철도를 타고 다니는 사람들은 시부야를 생활의 중심지로 삼았다. 또한 도큐는 다른 철도계열 디벨로퍼보다 한발 앞서 철도변에 게이오대학, 도쿄공업대학, 도쿄학예대학 등의 대학교를 유치해 통근과 반대 방향의 통학생 흐름을 만들었다. 당연히 이 대학들은 철도사업의 안정화는 물론 시부야역 주변을 젊은이들의 중심지로 만드는 데 일조했다.

이들의 발 빠른 행보에 맞설 경쟁자가 없었던 것은 아니다. 가장 강력한 경쟁자는 같은 시기 이케부쿠로를 중심으로 성장하던 또 다른 철도계열 디벨로퍼인 세이부였다. 세이부그룹 역시 시부야의 잠재력을 높게 평가해 1968년 시부야역 북측에 세이부 백화점을 전략적으로 오픈했다. 1973년에는 일본의 유통 및 문화발전에 공헌한 전설적인 상업시설 파르코를 요요기 공원으로 가는 언덕길 위에, NHK 방송국과 같은 시기에 오픈했다.

2019년에 재건축된 지금의 언덕 위 파르코의 포켓몬센터와 번쩍이는 지하 푸드홀을 보면서 시대를 선도했던 파르코의 화려한 시절을 바로 떠올리기는 힘들지도 모른다. 하지만 패션 백화점 파르코야말로 고도경제성장기 일본의 영패션과 문화의 중심이었다. 파르코가 새로운 문화적 상징으로 자리잡으며 요요기 공원과 NHK 방송국으로 가던 이 언덕길은 자연스럽게 이탈리아어로 공원이라는 뜻의 '파르코'에서 유래한 공원길(코엔도오리)로 불리게 되었고, 새로운 소비층이 찾는 거리로 인식되기 시작했다. 세이부는 이후에도 물건이 아닌 경험과 라이프스타일을 팔아야 한다고 주장하며, 무인양품MUJI, 패밀리마트, 잡화점 로프트LOFT, FM방송 J-WAVE, 대형서점 리브로 등 시대를 앞서가는 새로운 업태를 계속 만들어내면서 도큐에 이어 시부야의 전성시대를 이어갔다.

그러자 곧 도큐의 반격이 시작되었다. 요즘 일본을 여행하는 사람들은 대부분 쇼핑과 선물을 사기 위해 돈키호테를 찾는 듯한데, 1990년대와 2000년대에는 도큐핸즈가 그 자리를 차지하고 있었다. 도큐핸즈는 자신의 본거지를 세이부에 잠식당한 도큐가 반격을 꾀하기 위해 주위의 우려를 무릅쓰고 과감히 만든 업태다. 파르코가 여성들에게 신선한 충격이었다면 도큐핸즈는 남성 고객들을 겨냥한 시설로, 1978년 천재적 라이프스타일 기획가 하마노의 도움을 받아 탄생했다. 손으로 만드는 모든 물건의 재료와 도구를 갖춘 도큐핸즈는 개인의 취미활동을 중시하는 소비층을 타깃으로 잡아 나이 든 남성들까지 이 언덕길로 불러모았다. 아울러 패션에서도 파르코에 대항하기 위해 새로운 유통포맷인 패션커뮤니티 '시부야109'를 1979년 시부야역과 도큐 백화점 본점 사이에 오픈했다.

시부야가 새로운 패션과 생활문화의 발신지 역할을 하며 1980~90년대 일본 유행의 핵으로 떠오르자, 도큐는 1989년 고소득 소비층을 타깃으로 일본 최초이자 당시 최대 규모의 백화점 직영 복합문화시설인 분카무라를 도큐 백화점 본점과 하나되게 증축 오픈했다. 이렇게 세이부와 도큐가 서로 경쟁하는 동안 시부야는 다양한 세대를 아우르는 문화예술의 중심지가 되었다. 아울러 언덕 위 상업시설들이 인기를 끌면서 시부야는 계곡 아래 역 주변뿐 아니라 골목길 동네가 주는 공간적 재미까지 지닌 다채로운 동네로 진화해갔다.

시부야 대개조 : 크리에이티브 워커들의 마음을 살 수 있는 동네를 꿈꾸다

발전에 따른 부작용이 없었던 것은 아니다. 시부야가 쇼핑과 문화의 중심지로 이름을 알릴수록 근본적인 문제는 깊어졌다. 시부야는 좁은 계곡과 언덕 지형에 형성된 부도심이다 보니 유동인구가 많아

질수록 안전 문제가 대두될 수밖에 없었다. 원활한 보행흐름을 위해 만든 시부야역 앞 스크램블 교차로는 신호등이 바뀔 때 사방으로 동시에 건너가는 거대한 인파가 세계적으로 화제가 될 정도였다. 또한 부도심이긴 했지만 지형상의 문제로 규모가 큰 오피스가 없다 보니, 단순히 쇼핑과 여흥을 즐기는 상업 중심지 성격이 강했다.

당시 도쿄의 도심에서는 경제성장 이후 직주근접형 라이프스타일이 각광받으면서 아크 힐즈, 에비스가든플레이스, 롯폰기 힐즈 등의 대규모 도심복합개발이 활발히 이루어지고 있었다. 전형적인 교외 베드타운을 기반으로 성장한 도큐는 이러한 시대변화에 따라가지 못하면 존속이 어려울 수도 있다는 위기의식을 느꼈다. 도큐가 교외 기반과 부도심 시부야를 배경으로 새로운 미래를 위한 중장기전략을 수립하고 도시개발사업에 뛰어든 이유다.

도큐는 주변 사업자 및 공공과 함께 2007년 '시부야 중심지구 동네 만들기 가이드라인'이라는 큰 틀의 시부야 지역 대개조 마스터플랜을 책정했다. 먼저 계곡 지형을 극복하며 안전, 안심이라는 새로운 도시기반을 만들고자 했다. 새롭게 역앞 광장과 하천 등의 도시기반을 재정비하고 건물부지를 반듯하게 모아 철도이전 용지를 확보했다. 다음으로는 역과 주변 언덕 위 지역까지 안전하고 편리하게 다니도록 새로운 수직 보행자 동선인 '어반코어'를 만들어 지역 전체의 입체적인 보행자 네트워크를 계획했다. 이 마스터플랜을 기반으로 2012년 옛 도큐문화회관을 재건축한 선도 앵커사업 '시부야 히카리에'가 오픈했다. 2019년에는 도큐도요코선 지하화로 생긴 시부야 천변 부지를 활용한 복합개발 '시부야 스트림'과 옛 시부야역 도큐 백화점의 재건축인 '시부야 스크램블 스퀘어'와 '시부야 후쿠라스'까지 3개의 블록이 동시에 오픈했다.

시부야를 중심으로 대기업으로 성장한 도큐는 자신들의 새로운 미래를 위해 '크리에이티브 워커를 매료시키는 동네 만들기'를 가장 중요한 과제로 삼았다. 앞에서도 말했듯 시부야는 지역적 특성과 편리한 교통을 배경으로 늘 최첨단 유행과 문화를 주도했기에 자연히 음악, 패션, 영상, 디자인, IT기업 등 크리에이티브 콘텐츠를 다루는 기업들이 모여들던 상황이었다.

또한 시부야는 실리콘밸리에 빗대어 시부야밸리, 비트밸리로 불릴 만큼 2000년대 일본 IT벤처기업들이 모인 창업과 성공의 땅이었다. 창업가들은 자신들이 10대와 20대를 보낸 시부야에서 자연스럽게 사업의 기반을 닦았지만, 대규모 오피스가 없다 보니 어느 정도 성장해 중견기업이 되면 인근의 롯폰기 힐즈 등으로 사무실을 옮겨야 했다. 그래서 시부야 대개조 프로젝트에서는 IT기업과 크리에이티브 워커를 잡아두기 위해 마루노우치와 롯폰기의 최신 오피스에 필적하는 사양의 프라임 오피스를 대규모로 기획하는 데 주력했다.

옛 도큐문화회관을 재개발한 '히카리에'도 새로운 스타일의 상업시설 외에 오피스 기능 강화를 위해 상층부에 대규모 프라임 오피스를 꾸렸다. 또한 전략 타깃인 크리에이티브 워커의 교류와 정보발신을 위해 대규모 콘퍼런스홀인 '히카리에홀'을 비롯해 오피스와 상업의 중간층인 8층에도 회원제 공유오피스 'MOV'와 다목적으로 이용 가능한 이벤트 광장 '8court' 등으로 구성된 크리에이티브 플로어 '8/'을 도입했다.

시부야 스트림 : 새로운 사람과 자연과 지역을 이어주는 흐름을 만들다

새로워진 전철 시부야역에서 지하2층 개찰구를 나와 남측으로 조금 걸어가면 눈에 잘 들어오는 수직통로 '어반코어'를 만나게 된다. 기분 좋은 햇살이 쏟아지는 유리 아트리움 속 밝은 연두색 에스컬레이터를 타고 지상으로 올라가면 스크램블 교차로와는 전혀 다른 거리가 눈에 들어온다. '시부야=젊은이의 거리'라는 이미지 대신 '시부야=크리에이티브 워커들의 성지'를 컨셉으로 새롭게 들어선 복합개

▲복잡한 지하와 지상부를 찾기 쉽게 연결하는 어반코어로서 만들어진 유리 아트리움과, 나오자마자 만나는 복개한 하천 위의 시부야 스트림 광장.

▲옛 도큐선 철로부지 흔적을 남겨둔 채 다이칸야마와 이어지도록 만든
시부야 스트림 저층부 음식점 거리.

발 '시부야 스트림'이다. 2019년 완공된 시부야 스트림은 지상 35층, 지하4층으로 오피스, 점포, 호텔 등으로 구성되어 있으며, 앞서 말한 것처럼 오피스가 부족했던 시부야에 새로운 흐름을 만들어준 곳이다.

시부야 스트림과 시부야 브릿지는 옛 도큐도요코선 시부야역의 고가플랫폼 및 노선부지를 개발해 만든 것으로, 공공과 민간이 힘을 합친 작품이다. 약 600m의 시부야천을 새롭게 정비해 만든 매력적인 수변공간과 산책로가 두 시설을 이어주고 있다.

크리에이티브 워커가 많은 시부야지만 그동안은 이들이 차분하게 시간을 보낼 장소가 없었다. 그런데 이제는 시부야 스트림의 저층부에 위치한 음식점 거리가 그 역할을 톡톡히 하고 있다. 그중에서도 하천변에 나란히 위치한 카페와 바는 시부야 스트림 오픈과 함께 재생된 시부야천 주변을 쾌적하게 즐길 수 있는 주요 스팟이다. 자전거로 출퇴근하는 이들을 위한 사이클 카페나 상층부 라이브홀처럼 시부야다운 시설도 갖추고 있다. 이런 도큐의 기획의도가 적중한 덕분에 롯폰기 힐즈로 이사 갔던 구글 일본지사가 이곳으로 돌아오는 등 시부야 스트림은 크리에이티브 워커들이 만들어내는 새로운 흐름의 중심이 되고 있다.

미야시타파크 : 버려진 공원을 활용해 시부야와 오모테산도, 하라주쿠를 연결하다

도쿄에서 오모테산도와 캣스트리트를 즐긴 후에 시부야 쪽으로 걷다 보면 그물 모양 기둥이 건물을 감싸면서 그 사이로 덩굴식물이 자라는 독특한 3층 건물을 만나게 된다. 1층에는 명품숍들이 입점해 있는데, 자세히 보면 스트리트패션 계열 점포들과 시끌벅적한 시장터 같은 푸드홀도 눈에 띈다. 에스컬레이터를 타고 올라가면 스포츠 매장부터 레스토랑까지 다양한 점포들이 방금 지나온 캣스트리트처럼 쇼핑몰이 아닌 거리 느낌으로 포진해 있다. 옥상으로 올라가면 건물 전체를 덮은 식물들이 자라는 기둥구조체 아래로 넓은 잔디광장이 펼쳐져 있고, 스케이트보드를 타는 사람들도 보인다. 옥상공원 한가운데 위치한 독특한 스타벅스 너머로는 세련된 타워건물이 보인다. 잔디광장을 통해 타워로 들어가면 코워킹 오피스 라운지 같은 공간에서 일하거나 대화를 나누는 사람들 너머로 캐주얼한 호텔 프런트가 있다. 미쓰이부동산이 기존에 있던 공원을 재개발해 옥상으로 옮기고 그 아래 주차장과 상업시설을 넣고 호텔까지 개발한 복합빌딩 '미야시타파크'의 모습이다.

시부야 스트림이 기존 하천변 도큐선 기찻길과 플랫폼을 활용하

▲시부야와 하라주쿠와 캣스트리트를 이어주는 새로운 랜드마크, 미야시타파크.

cocoti

여 남측으로 가는 새로운 흐름을 만들었다면, '미야시타파크'는 기존 하천변 공원을 활용하여 북측으로 가는 새로운 흐름을 강화하고 있다. 시부야역 주변 재개발사업에서 입체보행동선 어반코어를 만들어 동서방향 계곡 지역을 자연스럽게 이어주었다면, 남북방향은 시부야천변 부지를 활용한 개발사업으로 주변 지역과 이어주고 있다. 미야시타파크는 시부야천과 철도 사이의 기다란 공원부지를 활용하여 북측 3개의 거리가 만나는 접점에 전략적으로 개발된 사업이다.

시부야천이 복개된 공간을 스트리트패션과 아웃도어 스포츠 매장으로 활성화한 캣스트리트, 오모테산도로부터 이어지는 명품거리인 메이지도오리, 그리고 시부야역 번화가와 파르코가 있는 코엔도오리와 만나는 접점에 미야시타파크가 있는 이유다.

민간의 지혜와 자본을 활용한 도심공원의 새로운 변신을 선도하는 PARK-PFI

화제를 일으킨 미야시타파크는 일본 정부가 공원 등 공공시설에 대한 민간참여를 적극적으로 유도하면서 탄생했다. 서울을 비롯한 한국의 도시들만 봐도 기존의 공원을 유지, 관리하는 데 많은 어려

▲번잡한 도심 속 자연과 함께하는 쉼터이자 다채로운 이벤트가 펼쳐지는 미야시타파크 옥상공원과 카페.

움을 겪고 있다. 올림픽공원 같은 대규모 공원은 이용객을 위한 편의시설과 식당이 일부 들어와 있지만, 대부분의 도심 내 공원들은 적당히 심어진 나무와 잔디밭 주변의 운동기구와 벤치 정도가 전부다. 우리는 코로나19를 겪으며 도시 내 공원과 자연의 중요성을 새삼 깨달았지만, 일상에서 마음놓고 찾아가서 놀 수 있는 공원은 여전히 많지 않다. 단순히 운동하거나 휴식을 취하는 공원이 아니라 액티비티와 피크닉도 즐기는 공원에 대한 수요가 있음에도, 현재 제도 아래에서는 실행하기 어려운 것이 사실이다. 입찰 시스템에 의해 공원의 시설이 선정되는 바람에 시민들이 원하는 점포들이 들어오지 못하는 역효과가 생기는 것이다.

일본도 마찬가지였다. 오랜 불황을 겪으며 지자체의 예산 부족으로 낡은 공원을 수리하거나 관리하기도 버거울 정도였다. 이를 타개하기 위해 일본 정부가 도입한 것이 민간이 낙후된 공원에 편의시설을 새로 만들고 그 임대료로 공원을 유지, 관리하는 공모설치관리제도(이하 Park-PFI)다. 민간이 지정 관리자가 되면 공공예산을 투입하지 않고도 시민들이 원하는 높은 수준의 점포와 이벤트는 물론, 공원의 지속적인 관리도 가능해진다. 아울러 2004년에는 저밀도로 활용되는 공원을 입체적으로 이용할 수 있는 '입체도시공원제도'를 도입해 민간과 협업하여 도심 내 공원부지를 활용한 규모 있는 도시재생

사업도 가능하도록 했다.

Park-PFI의 대표적 사례로는 여행자들도 많이 찾는 오사카성에 조성한 편의시설 존과 후쿠오카 오호리 호수공원의 스타벅스가 입점한 편의시설 존을 들 수 있다. 도쿄에서는 시부야처럼 공원이 부족한 부도심인 이케부쿠로에 새롭게 들어선 '미나미이케부쿠로 공원'이 가장 대표적인 성공사례다. 이 사업의 성공을 보면서 민간참여에 대한 각 지자체의 인식이 바뀌었고, 전국적으로 새로운 공원들이 생기기 시작했다.

입체도시공원제도의 대표적 사례가 바로 미쓰이부동산에 의한 시부야 미야시타파크다. 도심개발용지 부족이 아쉬운 디벨로퍼들로서는 도심공원을 입체화하면서 상업시설과 호텔 등을 개발할 수 있기에, 공원의 가치가 높아진 지금이 더할 나위 없는 사업 찬스다. 큰 사업이익을 내기는 어렵지만, 도심의 일등입지 공원이라면 회사전략상으로도 새로운 호텔과 상업시설 등에 도전할 가치가 충분하다고 판단했을 것이다. 미쓰이부동산은 도큐색이 짙은 시부야와 오모테산도의 접점에 새로운 도시여행객과 소비자를 타깃으로 시부야구와 함께 미야시타파크를 만들었다.

노숙자들의 천국을 입체복합공원으로 되살린 새로운 동네거점

미야시타파크의 전신인 미야시타 공원은 1964년 오픈한 곳으로 시부야역과 가까웠음에도 지상철도와 간선도로 사이에 끼어 있어 약간 어두운 분위기였고, 지하주차장의 상부는 철망으로 둘러싸인 스케이트장과 인공암벽 등으로 활용되고 있었다. 그나마 낮에는 어느 정도 활기가 돌았지만, 밤이 되면 노숙자 주거지가 되고 불량해 보이는 청소년들이 떼지어 다녀 일반인들은 가기를 꺼리는 장소였다.

관광객들로 넘쳐나는 오모테산도, 캣스트리트에서 시부야 번화가로 오다 보면 처음 만나는 이 공원을 노숙자 천국으로 내버려둘 수 없었던 시부야구는 시부야 대개조 흐름에 동참해 과감한 재개발을 계획하고 민관협력형 입체도시공원개발 사업자를 공모했다. 공모 당선자인 미쓰이부동산은 기존 공원의 특성을 최대한 살리면서 새로운 시설을 계획했다. 우선 시부야와 하라주쿠 특유의 젊고 활기찬 에너지를 살려서 새롭게 만든 옥상공원에 스케이드보드장과 인공암벽을 만들고 관련 매장들을 스트리트 공간 형태로 유치했다. 오모테산도와 메이지도오리로 이어지는 명품 브랜드 거리의 특성도 이어받아 1층에는 루이비통, 구찌, KITH 등 하이엔드 명품숍과 편집숍을 유치했다. 새롭게 만든 옥상공원 한가운데에는 일본 스트리트패션의 선구자 후지와라 히로시가 프로듀싱한 스타벅스를 유치했다.

공원 아래 상업시설뿐 아니라 타워 형태로 들어선 호텔에도 미쓰이부동산의 야심찬 전략이 적용되었다. 니혼바시와 도라노몬 등에서 소개한 것처럼 디벨로퍼들은 호텔을 이용하여 지역의 가치 상승과 브랜딩을 이끌어낸다. 미쓰이부동산은 미야시타파크에서도 같은 전략을 펼쳤지만, 이번에는 특급호텔이 아니라 지역 특성에 맞는 라이프스타일 호텔이었다. 미국 포틀랜드의 에이스 호텔로 대표되는 라이프스타일 호텔은 성숙한 도시생활자와 여행객들을 위한, 로컬 문화를 존중하면서 지역 커뮤니티의 중심이 되는 호텔을 가리킨다. 미야시타파크 인근에는 원조인 에이스 호텔을 뛰어넘는다고 평가받는, 유명 웨딩업체가 만든 '트렁크 호텔'이 위치하고 있다. 트렁크 호텔은 사회적 가치를 중요시하는 소셜라이징 호텔을 표방하며 캣스트리트 옆 언덕 위에 본업인 하우스웨딩 공간과 결합하여 탄생한 곳이다. 확실한 컨셉뿐 아니라 컨셉에 따른 객실 디자인과 라운지 및 바, 그리고 옥외공간에서 내뿜는 분위기로 일본 호텔의 새로운 장을 열었다고 평가받고 있다.

호텔도 주요 사업부문 중 하나인 미쓰이부동산은 떠오르는 이 시장에 진출하기 위해 미야시타파크 한쪽 끝에 유명 크리에이터들과 협업하여 '시퀀스 호텔'을 기획, 론칭했다. 이 호텔은 에이스 호텔이나 트렁크 호텔처럼 로비 프런트를 외부 옥상공원으로 열린 4층에 두었고, 사람들이 자유롭게 시간을 보내는 라운지와 함께 배치했다. 객실은 멀리 요요기 공원과 시부야 시내 전경이 보이는 전망과 함께, 크리에이터들과 협업한 개성 강한 스타일을 띠고 있다.

실제 숙박을 하면서 두 가지 사실에 놀랐는데, 첫 번째는 체크인과 체크아웃 시간이다. 일반적인 호텔은 오후 2시 정도 체크인해서 다음 날 11시에 체크아웃을 한다. 그런데 시퀀스 호텔은 리조트 여행객이 아닌 도시여행자들이 타깃이기에 오후 5시 체크인, 다음 날 오후 2시가 체크아웃이다. 밤늦게나 새벽까지 도심의 나이트 라이프를 즐기다 오전은 푹 쉬고 점심까지 먹은 후 체크아웃이 가능한, 시부야다운 신선한 시간설정이었다. 또 하나 놀란 것은 비대면 체크인 수속이었는데 그 과정이 너무 사용자 친화적이지 않아서 다른 의도가 있는 건 아닌지 생각하게 될 정도였다. 이런 것에 익숙지 않은 나이 든 여행객이나 단체여행객을 처음부터 차단하기 위함이 아닐까 싶었던 것이다. 일본 지인들은 그런 의도도 있겠지만 일회성 방문보다는 재방문 및 팬과 지역주민을 유도하는 장치일 거라고 이야기해주었다. 물론 입지와 가성비 면에서도 충분히 가치 있는 호텔이라 생각하기에, 도쿄 여행에서 대개조된 시부야가 궁금하다면 미쓰이부동산의 새로운 호텔을 한번 체험해봐도 좋을 듯하다.

시부야요코초와 논베요코초 :
역전 선술집 골목 정취를 되살린 요코초 열풍

저녁 무렵에 미야시타파크를 방문했다면 1층에 위치한 '시부야요코초'가 가장 인상적일지도 모른다. 시부야역으로 가는 대로변에서 한 차례 들어간, 시부야천을 복개한 1층 골목길 좌우로 늘어선 화려한 술집 간판들과 귀가 먹먹할 만큼 떠들썩한 외부 테이블을 지나 안으로 들어가면 시장의 먹자골목 같은 공간이 펼쳐진다. 미쓰이부동산이 미야시타파크의 컨셉에 맞추어 전략적으로 유치한 테마푸드홀 시부야요코초의 풍경이다.

요코초란 단어는 보통 대도시 번화가 역앞에 선술집이 모여 있는 먹자골목을 말한다. 예전에는 큰 역 앞에 많았지만 지금은 재개발 등으로 많이 사라지고 서민색이 짙은 신주쿠와 신바시역 등에 일부 남아 있다. 요코초라는 단어가 남아 있는 가장 유명한 곳은 도쿄에서 살고 싶은 동네 1위로 꼽히는 기치조지역 앞 '하모니카요코초'일 것이다. 한국에서 을지로 노가리골목과 호프집들이 레트로 열풍을 타고 다시 인기를 얻은 것처럼, 일본도 재개발에서 살아남은 하모니카요코초가 높이 평가받으면서 다시 요코초의 인기가 살아나기 시작했다. 이 트렌드를 읽고 새롭게 요코초 스타일 테마푸드홀을 만들어

▲요코초 트렌드를 읽고 동네특성에 맞게 기획한 '시부야요코초'의 모습.

성공한 프로듀스팀이 '하마쿠라 상점제작소'다. 그들은 시부야에서 한 정거장 내려간 에비스역 앞 오래된 건물 1층에 새롭게 '에비스요코초'를 기획하고 점포들을 유치해 대성공을 거두었다. 이후 새로운 전략점포를 찾는 디벨로퍼들과 협업하여 신주쿠 고가도로 아래를 달군 후, 최근 시부야와 신주쿠 개발사업에 참여해 동네특성에 맞는 요코초를 만들었다. 가령 미야시타파크는 도쿄의 스모가 유명하다는 점에 착안해 스모선수들이 즐겨먹는 요리를 안주로 한 선술집을 간판으로 삼고, 전국 각지의 술안주를 맛볼 수 있는 선술집들로 채운 시부야요코초를 만들었다. 개인적으론 에비스요코초까지는 괜찮았는데 최근 요코초는 너무 테마가 강렬하고 소란스러워 이런 공간을 궁금해하는 지인이 오면 다른 요코초를 찾는 편이다.

시부야요코초를 나와 시부야역 앞으로 조금만 더 걸어가면 원조 요코초인 '논베요코초'가 골목길 안쪽을 지키고 있다. 논베는 일본어로 코가 삐뚤어질 만큼 마시는 술꾼을 가리키는 말로, 논베요코초는 말 그대로 술꾼들을 위한 작은 선술집 골목이다. 2평이 채 되지 않는 작은 점포에서 카운터 너머로 주인과 주문을 주고받기도 하고, 어느 순간 술집의 손님들이 모두 술친구가 되는 친근한 분위기의 가게들이다. 시부야에 머물면서 술이 생각난다면 이러한 원조 요코초도 하나의 선택지가 될 것이다.

도심 소규모 근린공원의 새로운 지향점, 기타야파크

물론 미야시타파크라고 호평만 듣는 것은 아니다. 건물을 감싸는 강철 쇠파이프로 만든 캐노피 기둥과 아직 덜 자란 어린 식물들, 잦은 이벤트로 망가진 잔디광장 등을 보며 기대에 미치지 못한다고 비판하는 이들도 있다. 일반 시민들이 1층에서 편하게 누려야 할 공원을 이렇게 4층 옥상에 올려놓고 관리도 제대로 하지 않으면서 수익성 사업만 좇는 민간 디벨로퍼에게 지나친 혜택을 준 것 아니냐는 의견도 있다. 그럴 때마다 이 공원의 과거와 이곳의 지역 내 위상과 다양한 활성화 이벤트 등도 함께 봐달라고 이야기한다. 다른 곳처럼 공공자금원을 투여해 예쁜 1층 공원으로 재단장할 수도 있겠지만 그렇게 놔두기에는 너무 아까운 땅이라 생각한다. 민간의 지혜와 자본을 활용해 도심의 귀한 땅을 공원만이 아닌 다채로운 도심 아웃도어 라이프와 지역활성화 거점으로 사용하는 것도 현명한 선택지가 아닐까.

공원을 민간이 개발하고 운영하는 사례에 관심이 있다면, 미야시타파크와 가까운 곳으로 좋은 사례를 하나 더 추천한다. 파르코와 미야시타파크 사이의 '진난'이라는 동네에 블루보틀이 공원카페 형태로 들어온 '기타야파크'다. 패션 감도가 높은 남성들의 아지트라 불리는 하라주쿠 뒤편의 '우라하라'처럼, 진난은 파르코 안쪽의 숨겨진 아지트 같은 위치에 우라하라의 점포들이 들어와 만든 스트리트 감성의 동네다. 그 한가운데에 미야시타 공원처럼 버려진 작은 공원 이 있었는데, 이 지역의 터줏대감 도큐가 지역활성화 차원에서 이 공원의 민간개발 사업자로 선정되었다. 도큐는 경사진 지형을 활용해 다양한 이벤트가 가능한 공간을 만들었고, 카페 테넌트로 이 지역의 감도와 맞는 블루보틀을 전략적으로 유치했다.

미야시타파크가 조금 과도한 공원개발로 보인다면, 가까운 기타야파크를 꼭 찾아가보길 바란다. 감도 있는 동네와 어울리는 블루보틀, 다채로운 이벤트와 함께하는 세련된 커뮤니티 공원의 좋은 사례를 만나게 될 것이다. 가능하면 이 두 곳을 모두 본 후에, 공원과 민간사업자가 함께하는 일본의 새로운 공원사업 모델에 대한 여러분만의 평가를 해보면 어떨까 한다.

Greater Shibuya 2.0 : 주변 동네를 아우르는 라이프스타일 시티로의 진화를 꿈꾸다

앞으로 시부야는 어떻게 될까? 도큐는 1956년 개업한 도큐문화회관 시대부터 '시부야의 계곡 지형을 극복하면서 새로운 문화를 발신한다'는 개발 컨셉을 유지해왔다. 이 컨셉을 기반으로 지역을 잇고 사람과 사람을 연결함으로써 지역 전체의 개발과 브랜딩을 전개해온 것이다.

2021년 7월에 도큐는 새로운 동네 만들기 전략으로 'Greater Shibuya 2.0'을 발표했다. 여기서는 시부야역을 거점으로 반경 2.5km를 '광역 시부야권'으로 설정하여 일하고 노는 것만이 아니라 살아가는 기능이 추가된, 즉 직주락이 융합한 라이프스타일 시티로의 진화를 목표로 삼았다.

이 구상 아래 시부야 스트림과 이어지는 남서쪽 언덕 동네인 사쿠라오카 지역에 주거 기능도 포함한 '시부야 사쿠라스테이지'가 2023년 12월 오픈했다. 시부야의 중심을 넓히고 품격을 올렸던 도큐 백화점 본점은 2023년 1월 잠시 문을 닫고 재건축에 들어갔다. 긴자 식스에서 소개한 루이비통그룹과 함께 'Tokyo Urban Retreat'라는 컨셉 아래 새로운 시대에 맞는 럭셔리한 상업시설과 호텔 그리고 도심주거가 들어올 예정이다. 남측 다이칸야마 지역에는 예전 역앞 인기 많던 상업시설 테노하 자리에 주거와 오피스도 함께하는 복합개발 '포레스트케이트 다이칸야마'가 2023년 10월 오픈했다. 북측 오모테산도 지역에는 맞은편 '도큐플라자 오모가도'와 대응하는 형태로 '도큐플라자 하라가도'가 2024년 4월 오픈하면서 시부야 2.0 시대의 새로운 막을 열 예정이다. 바야흐로 나카메구로에서 시부야를 지나 오모테산도까지, 철길과 하천의 흐름을 활용한 거대한 도심 활성화축이 완성되는 것이다.

상상해보자. 따뜻한 봄날, 아침 일찍 나카메구로 스타벅스 로스터리에서 출발해 기분 좋게 메구로천변 벚꽃길을 걷고 나카메구로 역 아래 츠타야에 잠시 들렀다가 다이칸야마역 앞 '포레스트게이트 다이칸야마'에서 점심을 먹는다. 역 아래 '로그로드'에서 커피 한잔 사서 옛 철길을 따라 산책한 후 '시부야브릿지'를 거쳐 '시부야 스트림'까지 와서 수변광장에서 이벤트를 즐긴다. 석양 무렵에는 '시부야스카이' 전망대에 올라 도쿄 전경을 만끽한 후 '히카리에'에서 저녁을 먹고 '후쿠라스' 옥상 바에서 스크램블 스퀘어를 내려다보며 칵테일 한잔으로 하루를 마무리하고 '시부야 스트림 엑셀호텔 도큐'에서 잠을 청한다. 다음 날은 '기타야파크' 블루보틀에서 커피 한잔 하며 요요기공원과 메이지신궁에서 아침 산책을 한 후 새로 생긴 오모테산도 '도큐플라자 하라가도'에서 점심을 먹고 쇼핑을 한다. 오후에는 오모테산도와 캣스트리트를 즐긴 후 '시부야 캐스트'에서 저녁을 먹고 미야시타파크를 구경하다 시부야요코초에서 라멘과 맥주로 하루를 마무리한다. 조금은 작위적인 상상일지 모르지만 도큐가 그레이터 시부야 2.0에서 그리는, 지역 전체를 꿰뚫는 옛 철도와 하천길을 활용한 새로운 프롬나드와 함께하는 '도큐 월드'의 1박2일이 되겠다.

시부야와 닮은 강남역을 중심으로 '그레이터 강남'을 상상해보면 어떨까? 서리풀공원을 품으면서 새롭게 복합개발되는 정보사 부지에서 테헤란로를 축으로 하여 교대와 강남, 그리고 언덕 위 역삼과 선릉이 엮인 후 탄천을 넘어 잠실과 올림픽공원까지 이어지는 거대한 축이다. 세계에 한국이라는 존재를 알리기 위해 올림픽이 필요했다면, 이제는 그 유산인 잠실운동장 및 올림픽공원과 테헤란로 등을 활용해 리딩 국가로 나아가는 한국문화를 알리고 전 세계와 교류하여 새로운 미래문화가 꽃피는 장소로 재탄생시켜야 하지 않을까?

연남동에서 홍대와 신촌을 지나 마포와 공덕을 엮어서 용산에서 마무리되는 경의선 문화벨트는 어떨까? 장충동에서 시작하여 한강진을 지난 이태원 번화가를 품고 새로운 용산공원을 재개발하면서 용산국제업무지구, 그리고 좀 더 나아가 여의도와 연결되는 새로운 글로벌 축은 어떨까? 그레이터 시부야 구상을 참고로, 조금 더 크고 멀리, 그리고 조금 더 깊게 우리 도시와 동네를 바라보았으면 한다.

시부야에서 함께 보면 좋은 곳들

국립요요기경기장
캣스트리트
진난
가미야마
아오야마
쇼토
센터거리
도겐자카
시부야마크시티
(이노카시라선)
시부야역
램블링스트리트
사쿠라가오카초

❶ **시부야역 앞 스크램블 교차로와 큐프런트 빌딩** : 만남의 장소이자 미디어 발신 거점으로 하마노 야스히로가 프로듀스한 빌딩.

❷ **시부야 스카이** : 시부야 대개조 상징인 스크램블타워 최상층에 들어선 실내 및 옥상 전망시설.

❸ **시부야 히카리에** : 옛 도큐문화회관 자리에 들어선 복합개발.

❹ **시부야 스트림**

❺ **시부야 사쿠라스테이지** : 시부야역 남서측과 시부야역을 연결하는 주거기능이 강화된 복합개발

❻ **시부야109** : 시부야역과 도큐백화점 사이 파르코에 대항하기 위해 도큐가 만든 패션백화점

❼ **분카무라** : 언덕 위 도큐백화점 본점과 연접하여 지은 빌모트 설계의 복합문화공간.

❽ **시부야 파르코**

❾ **도큐핸즈 시부야점** : 파르코와 인접하여 새로운 사람들을 언덕 위로 모은 도큐핸즈 옛 본점.

❿ **시부야 키타야 파크와 블루보틀 커피**

⓫ **NHK 홀** : 시부야 고엔도오리와 하라주쿠 변화의 기폭제가 된 방송국 홀.

⓬ **시부야 미야시타파크**

⓭ **시부야 논베요코초** : 시부야역 앞 원조 요코초.

⓮ **시부야 캐스트** : 시부야와 캣 스트리트 접점에 들어선 도큐의 복합개발.

⓯ **트렁크 호텔** : 지역과 함께하는 웨딩회사가 만든 라이프스타일 호텔.

오프라인 리테일의 종말에 해법을 제시하다

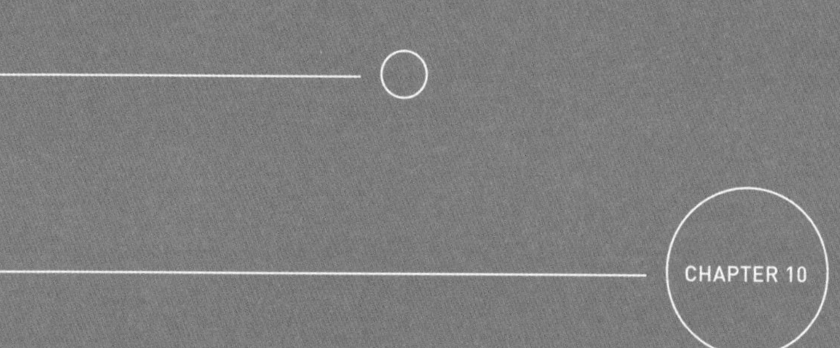

▶ 후타고타마가와 다카시마야 쇼핑센터

백화점이나 할인마트에 얼마나 자주 가는가? 아니, 질문을 조금 바꾸어보자. 집에 필요한 물건을 사기 위해 주기적으로 외출하는 편인가? 쇼핑하거나 밖에서 시간을 보내고 싶을 때면 주로 어디로 가는가?

미처 인식하지도 못한 사이에 우리의 소비패턴이 크게 달라졌다. 교외의 대형 쇼핑몰이나 아웃렛, 할인마트에 가는 사람들도 있지만, 이제 웬만한 것은 인터넷으로 구매하고 성수동 등의 핫플레이스에서는 무언가를 '하며'시간을 보낸다. 백화점이나 아웃렛에 오직 무언가를 '사기 위해'가는 사람은 많지 않을 것이다. 쇼핑도 하고, 가족과 외식도 하고, 친구와 맛집도 가고, 전시나 팝업스토어를 찾거나 실내공원이나 루프탑 등을 둘러보는 것이 일종의 코스처럼 이어진다. 하나의 오프라인 공간에서 하나의 기능만을 충족하는 시대는 끝났다고 보아도 좋다. 롯폰기 힐즈처럼 다양한 니즈를 충족하는 복합개발이 각광받은 것도 이러한 흐름 덕분일 것이다.

그러나 누군가의 기회는 다른 누군가에게는 위기다. 소비패턴과 유통환경이 급변하면서 동네의 활성화를 좌우하는 오프라인 상업매장들은 위기를 맞고 있다. 오래된 백화점이나 동네 마트가 대표적이다. 그렇다면 핫플레이스나 대형 복합개발, 유명 백화점이 아닌 동네 상업공간의 미래는 과연 어둡기만 할까? 한국에는 잘 알려지지 않았지만, 이 질문에 대한 답을 찾아볼 수 있는 곳이 있다. 1969년 일본 최초의 대규모 교외 쇼핑몰로 오픈한 이후 시대의 변화에 맞춰 꾸준히 진화해온 도쿄 후타고타마가와의 다카시마야 쇼핑센터다.

고스트 다운타운이 되어버린 일본의 중소도시

잠시 개인적인 이야기를 꺼내자면 내 사회생활의 시작은 디벨로퍼가 아닌 은행원이었다. 은행에서 5년을 일한 후, 어릴 적부터 꿈이었던 동네와 도시를 살리는 전문가로 인생의 항로를 바꾸기 위해 한국에서 도시개발 석사과정을 마쳤다. 이왕 늦은 김에 좀 더 깊이 공부하고 싶어서 박사과정에 진학해야겠다고 마음먹고는 유학지를 놓고 고민에 빠졌다. 일반적인 선택지는 미국이었고, 전문분야로 삼고 싶은 도시재생을 염두에 두자면 유럽도 후보 중 하나였다. 그때 자연스럽게 첫 해외여행에서 마주친 일본의 지방도시들이 떠올랐다. 지금 와서 생각하면 운명처럼 느껴지기도 한다.

직장생활 첫해인 1993년의 일이다. 여름휴가를 길게 쓰지 못하는 사정상 행선지로 일본의 규슈를 골랐다. 같이 가기로 한 친구들과 일정이 맞지 않아 혼자 JR 패스 한 장을 들고 부산에서 후쿠오카로 가는 고속여객선에 올랐다. 일본의 전성기, 화려한 버블 시절의 유산으로 가득한 규슈는 그야말로 놀라움의 연속이었다. 규슈의 수도 격인 후쿠오카도 인상적이었지만, 고향 마산과 비슷한 사이즈로 인구 30만~50만 명쯤 되는 지방도시 구마모토, 가고시마, 나가사키 등에서 느낀 세련된 도심 분위기는 지금도 생생하다. 단순히 볼 거리가 많다거나 규모가 커서만은 아니었고, 역사와 도시개발이 어우러져 특유의 분위기를 자아낸 것으로 기억한다. 이 좋은 기억이 은행원이 아닌 도시재생 전문가의 길을 걷는 과정에서, 미국과 유럽이 아닌 한국과 가장 유사한 사례가 많은 일본으로 나를 이끌었다.

유학을 시작한 후에는 연구 영역을 인구 10만~70만 명 규모의 지방 거점도시로 선정하고, 첫 2년간은 기초조사를 위해 홋카이도에서 규슈까지 일본 전역의 60여 개 도시를 직접 방문했다. 일본인 지도교수로부터 최소 1박 이상 머물지 않고서는 그 도시를 논하지 말라고 들었기에, 아무리 작은 도시라도 반드시 하룻밤을 자며 전국을 돌았다.

하지만 기대가 컸던 탓일까, 2000년대 초반 일본의 지방도시들은 실망의 연속이었다. 특히 아키타, 야마가타, 후쿠시마 등 동북지방 도시들의 다운타운은 점포들이 대부분 셔터를 내린 상황이라 '셔터 거리'로 불릴 만큼 처참한 풍경이었다. 우리로 치면 도청 소재지급인 거점도시들이 정부자금을 지원받아 다양한 도시재생 선도사업을 펼쳤는데도, 역앞에만 사람이 있지 메인스트리트에조차 사람이 다니지 않았다. 성공사례를 배우려고 유학을 왔는데 정부가 주도한 도시재생의 수많은 실패사례만 확인하는 날들의 연속이었다. 원인은 다양했지만 1차 원인은 정부와 지자체의 몸에 맞지 않는 과시적 도심재생사업에 있었다. 여기에 결정타를 먹인 건 이온몰[1]로 대표되는, 일본 유통기업들이 교외 국도변에 만든 거대한 쇼핑몰이었다.

물론 모리오카, 다카마츠, 사세보처럼 메인스트리트가 살아 있는 도시들도 간혹 만났다. 이들 도시에는 공통점이 있었다. 백화점과 마트 등 민간 대형 상업시설들과 병원과 시청 등의 공공기관, 지역의 오래된 점포들이 다운타운에서 상생하는 도시구조를 유지하고 있다는 것이었다. 반면 실패한 도시들은 기존 도시구조를 무시하고, 정부예산으로 역앞에 과도한 개발을 하여 사람들의 흐름을 교란했다는 공통점이 있었다. 기존의 도시와 상생하는 곳이 아니라 보여주기식 도시재생사업에 유리한 곳을 찾다 보니 예산은 예산대로 쓰면서 역효과만 낳은 것이다.

1 슈퍼마켓과 할인점을 기반으로 일본 최대 유통회사로 성장한 이온그룹이 만든 교외 쇼핑몰. 단층몰에 백화점을 앵커로 둔 미국모델과 달리 할인점과 영화관, 대형전문점을 앵커로 두되, 토지제약으로 3개층으로 만든 입체 쇼핑몰이 표준포맷이다.

2년간의 지방도시 조사를 마치고 나는 도시재생사업이 도심의 골격을 어떻게 변화시켰는지, 그 변화가 동네와 도시의 활기에 어떤 영향을 미치는지를 연구주제로 삼았다. 자연스럽게 원도심의 최고 경쟁상대인 교외 쇼핑몰에 대한 연구도 함께 진행했다.

1세대 쇼핑몰에서 3세대 쇼핑몰까지, 대형 쇼핑몰이 바꾼 도시풍경

일본의 경우 1990년대까지는 백화점이 힘을 발휘하고 있었고 지방 거점도시들의 중심가도 그나마 활기를 유지했다. 하지만 시청 등의 관공서와 병원이 자동차 접근성이 좋은 외곽으로 이전하면서 다운타운을 찾는 회사원과 방문객은 점점 줄어들었다. 여기에 대형 유통업체가 교외 쇼핑몰을 만들면서 마지막 숨통마저 끊겼다. 유학 초기 일본 동북지방에서 맞닥뜨린 셔터 거리의 탄생 배경이다.

쇼핑몰의 진화에 대해 잠시 이야기하자면, 쇼핑몰이 시작된 곳은 미국이며 미국의 소비패턴 변화에 따라 진화를 거듭해왔다. 1960년대 초기 등장한 1세대 쇼핑몰은 다양한 수준의 백화점을 몰의 양끝단에 배치해 원스톱 쇼핑을 강조한 형태였다. 미국은 우리나라나 일본과 달리 백화점들이 리스크를 안고 직접 물건을 매입하여 판매하는 시스템이기에, 타깃 소비자의 특징이 명확하다. 즉 대중적인 중급 백화점 메이시부터 상급 노드스트롬, 최상급 니만마커스처럼 다양한 수준의 백화점이 존재한다. 쇼핑몰에서는 상권의 수준에 맞추어 중하와 중급, 혹은 중상과 상급 백화점을 앵커로 두고 방문객이 이 둘을 목표로 회유하게 만든다. 한마디로 1세대 쇼핑몰은 상권 수준에 맞는 백화점과 이와 어우러진 중간부 몰의 다양한 전문점들 덕에 인기를 누렸다.

하지만 1970년대 미국이 경기침체에 빠지자 원스톱 쇼핑보다는 가성비를 더 따지는 소비자들이 많아졌다. 이들을 타깃으로 가격파괴를 주장하는 이른바 카테고리 킬러들이 등장하자, 쇼핑몰 디벨로퍼는 이들을 한곳에 모은 파워센터와 재고품을 판매하는 아웃렛을 만들었다. 2세대에 해당하는 밸류지향 쇼핑몰의 탄생이다.

그 후 1990년대 IT 붐과 맞물리면서 미국의 경기는 다시 활황을 맞았고, 소비자들이 물건보다 '재미'를 추구하면서 백화점, 카테고리 킬러, 멀티플렉스와 수족관, 대형 푸드코트 등을 집객 앵커로 삼은 3세대 '엔터테인먼트 쇼핑몰'이 등장한다. 테마파크를 품은 롯데월드, 최초의 멀티플렉스인 메가박스와 아쿠아리움, 지금은 별마당도서관이 된 피라미드 아트리움과 푸드코트까지 갖춘 코엑스몰 등은 모두 시간소비형 앵커를 중심으로 한 쇼핑몰이다. 이후 대도시권에 스타필드와 롯데몰이 등장하면서 한국에서도 본격적인 쇼핑몰 시대가 열렸다. 이 3세대형 쇼핑몰은 전 세계에서 새롭게 개발되는 쇼핑몰의 기본이 된 것은 물론, 인도어형 쇼핑몰로는 더 이상 상대할 경쟁자가 없어 보였다.

그러나 2000년대 이후로는 미국에서 쇼핑몰이 추가로 생겨나지 않고 있다. 최근 들어서는 앵커시설인 백화점이 망하면서 몰 전체가 파산하는 고스트몰이 사회문제가 될 정도다. 그렇다면 미국의 쇼핑몰을 대체하는 공간은 어디일까? 1980년대부터 등장하기 시작해 2000년대 급속히 성장한 라이프스타일센터와 최근 오피스와 주거까지 결합한 타운센터가 그 자리를 차지하고 있다. 이러한 변화와 함께 디벨로퍼들에 의한 타운센터형 개발이 부각되며 다운타운과 고스트몰도 다시 살아나고 있다.

'커뮤니티'가 결합된 4세대 쇼핑몰 라이프스타일센터의 등장

라이프스타일센터와 타운센터라는 말이 다소 생소하게 들릴 수도 있겠으나, 우리 주변에서도 그와 유사한 흐름을 볼 수 있다. 최근 젊은 세대를 중심으로 레트로 열풍이 불면서, 기성세대의 감성으로는 다소 이해하기 어려운 동네들이 인기를 얻고 있다. 계획적으로 만들어진 아파트 단지에서 태어나고 자란 그들은 좀 더 시간의 때가 묻은, 사람 사는 냄새가 나는 골목과 동네를 찾아 연남동과 익선동을 달구고 이제 성수동과 을지로를 거쳐 신당동까지 그들만의 감성에 맞는 동네를 찾아다니고 있다. 이들은 '58년 개띠'로 대변되는 한국 베이비부머의 자녀들, 즉 '베이비부머 주니어' 세대다.

미국 역시 최강 쇼핑몰에서 라이프스타일센터로의 변화를 이끈 주역은 베이비부머 주니어 세대였다. 이들은 태어나면서부터 획일화된 교외주택에 살았고, 성인이 된 후에도 쇼핑과 여가는 모두 쇼핑몰에서 해결했다. 편리하고 쾌적했지만, 계획되고 정제된 공간에 대한 자연스러운 반발이 일었다. 부모 세대인 베이비부머 역시 교외생활이 편리하기는 하나 어린 시절 동네의 거리풍경과 인간미 넘치는 상점에 대한 향수를 간직하고 있었다.

이들은 기존 쇼핑몰의 부족한 점을 보완해줄 새로운 형태의 쇼핑몰을 찾아나섰다. 마침 환경, 가족과의 정, 동료애, 교류 등이 중요한 사회적 가치로 떠오르면서 1세대 원스톱, 2세대 밸류, 3세대 엔터테인먼트에 이은 4세대 '커뮤니티'가 상업시설 개발의 새로운 키워드로 부각했다. 디벨로퍼들은 기존 상업 및 엔터테인먼트 공간에 커뮤니티 요소를 결합한 4세대 쇼핑몰을 개발하기 시작했다. 미국 LA에서 디즈니랜드보다 더 많이 찾는다는 기존 파머스마켓과 결합한 '더그로브'가 가장 성공적인 초창기 사례일 것이다. 2008년 LA에 사는 처형 집을 처음 방문했을 때 괜찮은 동네를 소개해달라고 하자 데리고 간 곳도 더그로브였다. 그만큼 그곳은 어디에나 있는 쇼핑몰이 아니라, 외부 사람들에게 자신 있게 보여줄 수 있는 도시를 대표하는 프라이드 공간으로 자리매김하고 있었다.

4세대 쇼핑몰로 불리는 라이프스타일센터의 특징을 간략하게 살펴보자.

첫 번째는 기존 인도어 쇼핑몰이 줄 수 없는 자연환경과 융합이다. 실내의 쾌적함보다는 실외형이 기본으로, 자연이 주는 즐거움과 사계절의 변화를 즐길 수 있도록 잔디광장 및 공원과 어린이 놀이터 등이 함께한다.

두 번째 특징은 거리 자체가 엔터테인먼트인 스트리트 형태라는 것이다. 쇼핑이 아니라 산책하는 기분을 느끼도록 가로공간의 품격을 높이고, 중간중간에 쉬어 갈 수 있는 벤치와 거리로 오픈된 카페와 식당이 함께한다. 백화점에 단순히 의존하기보다 커뮤니티의 중심이 되도록 도서관 분위기를 자아내는 대형서점이나 건강한 삶을 응원하는 스포츠 센터, 품질 좋은 식료품과 다양한 식재료, 와인 등을 갖춘 고급 슈퍼마켓, 대화가 즐거워지는 레스토랑과 친근한 분위기의 카페 등이 중심 점포 역할을 한다.

최근에는 여기에 오피스와 주거, 공공 서비스 기능까지 추가된 '타운센터형' 개발이 각광받고 있다. 망해가는 교외 쇼핑몰도 주차장과 몰을 단계적으로 타운센터로 재개발해 살려내고 있다. 이 방법론이 성과를 보이면서 고스트타운이 되어버린 다운타운도 차츰 부활하고 있다. 타운센터형 개발의 가능성을 높이 산 투자자와 디벨로퍼들이 도심부로 돌아와 연이어 복합개발을 시도한 덕분이다. 나 역시 LA 산타모니카의 '서드 스트리트 프롬나드'와 실리콘밸리 중심지에 들어선 '산타나 로Santana Row' 등의 초기 타운센터형 개발과 성공을 보며 일본과 한국 도시들의 원도심 재생에 대한 힌트를 얻기도 했다.

그러던 중 도쿄에서 1세대 교외 쇼핑몰로 출발한 후 소비패턴의 변화에 맞추어 진화를 거듭해 지금은 동네와 상생하는 쇼핑센터의 존재를 알게 되었다. 심지어 최근에는 오피스와 주거기능을 더한 복합개발이 함께하여 미국과 같은 4세대형 타운센터로 발전해가고 있었다. 시부야역에서 전철로 20분 정도면 닿는 후타고타마가와라는 동네에 위치한 '다카시마야 쇼핑센터'다.

일본 최고 매출 '후타고타마가와

다카시마야 쇼핑센터'의 탄생과 진화

복잡한 도심 시부야에서 전철을 20분쯤 타고 후타고타마가와역에 내리면 전혀 다른 풍경이 펼쳐진다. 개찰구를 나오면 고가역 아래라 약간 어두운데도 양옆으로 활짝 열린 광장과 가로수길, 멀리서 불어오는 강바람 덕분에 쾌적함과 활기가 고스란히 느껴진다. 동쪽의 큰 유리지붕 아래 있는 갤러리아 광장으로 가도 되지만, 서쪽의 가로변으로 나가면 모던한 흰색 건물과 가로수길, 그리고 식물로 덮인 독특한 하얀색 아케이드 구조물이 한눈에 들어온다. 1969년 오픈한 다카시마야 쇼핑센터가 시대와 함께 진화한 최신 모습이다.

횡단보도를 건너 아케이드 그늘을 따라 걷다 보면 이번에는 길 건너에 다시 낮지만 멋들어진 식물들로 처마를 꾸민 건물들이 보인다. 아케이드 구조물 내부로 들어가면 명품 화장품 매장이 있어야 할 중앙공간에 쾌적한 라운지가 자리해 있다. 반대편으로 나오면 주차장 건물 아래에 명품 브랜드들이 즐비한 거리가 보인다. 조금 더 걸어가면 사거리 코너 안쪽으로 재미난 가게들이 있음을 알리는 '야나기코지(버드나무 골목길)'라는 표식이 보인다. 표식을 따라가 보면 미용실과 선술집이 혼재한, 흔한 역앞 상점가 풍경 속에 세련된 갈색 건물들이 보인다. 이 건물들은 고급 장어구이집이나 이탈리안 같은 파인

▲후타고타마가와라는 지역과 함께 성장해온 다카시마야 쇼핑센터.

레스토랑, 그리고 스파와 미용실로 채워져 있다. 마지막으로 처음 만난 흰색 타워에 오르면 다마강이 한눈에 내려다보이는 레스토랑들과 너무도 기분 좋은 옥상정원을 만나게 된다.

여러 도시에서 백화점 옥상정원을 많이 봤지만, 이 풍경이야말로 다카시마야가 오랜 시간 공들인 것임을 한눈에 알 수 있다. 정원 옆의 카페와 레스토랑에서 시간을 보내는 사람들을 보면 이 동네가 왜 일본에서 가장 인기 있는 곳 중 하나인지, 이 오래된 쇼핑센터가 어떻게 일본 최고 매출을 올릴 수 있는지가 단번에 이해된다.

사실 한국의 부동산 개발과 상업시설 개발 전문가들이 후타고타마가와를 시찰지에 넣는 이유는 다카시마야 쇼핑센터 때문이 아니라, 반대편에 오픈한 도큐의 복합타운형 재개발 라이즈 프로젝트와 츠타야가전을 보기 위해서일 것이다. 아쉽게도 한국에서 전문가로 불리는 사람들조차 두 시설만 둘러보고 바로 돌아가 버리지만, 나는 후타고타마가와를 안내할 때에는 다카시마야 쇼핑센터부터 시작한다.

다카시마야가 만든 일본 최초의 교외형 대형쇼핑센터의 성공과 진화, 그리고 자신들이 만든 최고 알짜 상권을 되찾으려는 도큐의 반격이라는 관점에서 장대한 라이즈 프로젝트를 살펴봐야만 전체 맥락을 이해하기 쉽고 참고할 내용도 많아지기 때문이다.

다카시야마 쇼핑센터가 위치한 지역의 맥락을 잠시 살펴보면, 다마가와는 강을 건너기 전의 나루터 마을로 에도 시대부터 많은 찻집과 여관으로 번성했던 동네였다. 그러다 메이지 시대를 지나 1907년 다마가와 전기철도가 개통되면서 주거지역으로도 개발되어 인구가 급격히 늘어났다. 여전히 강가에는 여관과 요정이 성업했고, 관광객용 점포나 가마우지 낚시 등이 들어오면서 후타고타마가와는 도쿄에서 강변의 정취를 즐기는 주요 행락지로 변화해갔다.

다마강의 매력과 전차의 혜택으로 행락지로 번성한 후타고타마가와가 다시 크게 변화한 계기가 바로 1969년 '다마가와 다카시마야 쇼핑센터'의 오픈이었다. 당시 다카시마야는 스타필드처럼 미국형 대규모 교외쇼핑센터를 출점할 장소를 찾고 있었는데, 가장 부촌인 도쿄 서남부 지역이 1순위였다고 한다. 서남부 지역의 모든 철도노선이 집중된 시부야에 출점하는 것도 고려했지만, 이미 경쟁이 치열했고 대규모 점포가 들어설 부지를 찾기도 쉽지 않았다. 다카시마야는 다마강을 한 발짝이라도 넘어가면 매장 가치와 브랜드 파워가 크게 떨어질 것이라 보았기에, 당시 미국 쇼핑센터를 연구한 전문가들과 사내 특별조직이 종합적으로 분석을 거듭한 끝에 지금의 후타고타마가와역을 도쿄 내 최적의 출점지로 선정했다.

다카시마야 쇼핑센터는 앞에서도 언급한 고도경제성장기 미국의 교외형 쇼핑센터의 성공을 벤치마킹하여 만든 것으로, 적절한 입지

선정과 건축계획 및 상품기획 덕분에 오픈하자마자 큰 주목을 받았다. 그러다 1980년대에 접어들어 단순한 쇼핑에 만족하지 못하는 새로운 소비자층이 생겨나면서 변화를 맞았다. 원스톱 쇼핑의 편리함과 즐거움만으로는 사람을 모으기 어려운 새로운 소비시대가 도래한 것이다. 게다가 쇼핑센터의 기본상권인 도쿄 서남부는 일본에서 가장 소득이 높은 지역이었고, 그에 따라 소비자들의 소비패턴도 일본의 어느 곳보다 앞서 있었다. 다카시마야는 이러한 변화에 맞추어 기존 본관 옆 별관(남관)에 다양한 생활 및 취미전문점과 문화공간 등을 확충하여 대응했다.

그 후 1990년대가 되어 물건소비보다 시간소비를 중시하는 경향이 강해지자, 기존 별관의 상층부에 다마강을 내려다보는 거대한 레스토랑 빌딩을 모던한 디자인으로 증축하고 옥상을 정원화하여 어린 자녀를 둔 가족 고객들이 편안한 시간을 보낼 수 있도록 했다.

2000년대부터는 사람들이 쾌적하지만 정형화된 건물 내에서 소비하는 대신, 동네를 걸으며 취향에 맞는 가게를 찾거나 동네에서 걷는 즐거움을 선호하는 경향이 강해졌다. 또한 획일화된 상품보다 자신의 개성과 철학에 맞는 상품을 의식적으로 구매하고자 했고, 무언가를 같이 만드는 식의 체험형 소비를 선호하기 시작했다.

이러한 변화에 맞추어 다카시마야는 기존 본관과 별관을 벗어나

간선도로변 주변 건물들을 매입해 '마로니에 게이트'를 추가했다. 아울러 심플 라이프를 추구하는 무인양품, 미국 서부해안지역의 라이프스타일 편집숍 론허먼, 새로운 스타일의 요리교실 ABC쿠킹스튜디오 등 새로운 소비자층이 원하는 개성 강한 테넌트를 함께 유치했다. 또한 유명 건축가 구마 겐고에게 의뢰하여 오래된 본관과 별관의 입면을 모던하게 다듬고, 아케이드와 처마를 식물로 꾸며 친환경적인 풍경과 걷는 즐거움을 더했다.

단일 건물이 아닌 동네 전체를 즐기도록 하기 위한 전략적 개발의 압권은 별관 뒷동네의 재개발이다. 다카시마야는 이 지역의 탄생배경인 강변 나루터마을의 정취와 스토리텔링을 위해 낡은 건물 여러 채를 전략적으로 매입하여 리모델링 및 재건축을 한 후, 이를 개성 있는 음식점과 서비스 점포들로 채워 고객의 새로운 니즈에 부응하면서 쇠퇴한 지역상권도 재생하는 효과를 거두었다. '혼자가 아닌 지역과 함께 성장한다'라는 2000년대 이후 일본 도시개발의 화두를 멋들어지게 풀어낸 수작이라 하겠다. 일관성 있는 도시재생으로 지역의 가치를 높이고픈 기업이라면 반드시 눈여겨봐야 할 사례일 것이다.

일하고 즐기는 동네로 진화한 후타고타마가와 라이즈의 탄생

후타고타마가와 라이즈의 탄생 역시 이 지역의 과거와 무관하지 않다. 옛날에는 후타코타마가와역을 가면 대부분 다카시마야가 있는 서쪽 출구로 나가서 시간을 보냈다. 동쪽 지역은 1985년 3월 유원지인 '다마가와원'이 문을 닫은 이래로 작은 영화관이 있긴 했으나 완전히 활력을 잃었다.

유원지가 폐쇄되자 이 지역의 실질적 개발주체인 도큐는 자신들의 부지에 지역민과 함께하는 대규모 재개발을 계획한다. 도큐는 도쿄 서남부 지역의 가장 풍요로운 상권을 가졌음에도 중간 거점인 후타고타마가와 지역을 경쟁사인 다카시마야에게 모두 빼앗긴 상황이었다. 게다가 다카시마야가 시대변화에 맞춰 끊임없이 진화하면서 압도적 우위를 점하고 있었기에 웬만한 개발로는 상대할 수 없는 현실이었다. 그래서 도큐는 자신들의 부지뿐 아니라 주변 지역과 공원까지 포함해 2005년 부지규모(약 3만 4000평)로는 당시 도쿄에서 가장 큰 민간 재개발을 승인받았다. 역에서 남동쪽으로 다마강과 평행하게 달려서 동측 끝까지 약 1km에 달하는 거대한 부지다. 사업비만 약 1500억 엔, 크게 3개 지구와 약 1만 9000평의 광대한 후타고타마가와 공원으로 구성된 복합타운으로 계획되었다.

부지가 워낙 커서 사업은 2단계로 진행되었는데, 1단계는 기존의

▲다마강 위에 걸쳐 있는 후타고타마가와역과 그 뒤로 보이는 도큐의 라이즈 프로젝트 건물들. 라쿠텐 본사와 도큐 호텔이 들어선 타워동과 콘란 설계의 주거동 타워들.

역앞 상업지구를 재개발해 상업과 업무기능이 함께하는 복합지구로 계획했다. 다카시마야는 이기기 힘든 경쟁상대였지만, 도큐는 '역'이 도큐의 자산이라는 점을 무기로 삼았다. 자동차로 다니는 사람들도 있지만 가장 큰 고객은 다마전원도시선을 이용하는 교외 생활자들이었기에, 역을 중심으로 다카시마야 반대편에 매력적인 시설과 환경을 만들어 새로운 흐름을 조성한다면 해볼 만하다고 판단한 것이다.

먼저 지역을 분단한 전철을 고가화하고 1층 개찰구 앞은 동서측을 자유롭게 다닐 수 있는 통로로 만들어 편의성을 높였다. 개찰구 바로 앞에는 거대한 유리지붕이 있는 이벤트 광장을 만들었다. 역을 나온 사람들은 활기찬 이벤트에 끌려 자연스럽게 라이즈 쇼핑몰 전체를 연결하는 보행자 거리 '리본 스트리트'로 발을 들이게 된다. 조금 더 걸어가면 지역민을 위한 버스 및 택시 환승센터를 지나 츠타야서점이 보이고, 기분 좋은 언덕 위 가로수길이 좀 더 들어오라고 유혹한다. 비를 맞지 않도록 지붕이 덮인 에스컬레이터를 타고 올라가면 가로수길의 세련된 점포들과 함께 주말 이벤트가 열리는 광장이 기다리고 있다. 그 뒤로는 광장과 이어진 이벤트홀과 멀티플렉스 영화관이 보인다. 기분 좋은 에너지를 느끼며 타워동 아파트 옆 가로수길을 계속 걸어가면 다마강변의 넓은 수변공원과 공원카페가 나온다. 어

▲후타고타마가와 라이즈의 이벤트 광장.

느덧 반대편 다카시마야 쇼핑센터는 머릿속에서 지워진다. 평일에 역을 이용하는 생활자들을 잡기 위해 역 개찰구를 나오면 바로 거대한 지하식품관으로 이어지는 동선을 짠 것도 영리한 포인트다.

기존의 역앞 상인들과 함께한 재개발사업인 만큼 기존 권리자들에 대한 배려도 놓치지 않았다. 가장 중심이 되는 이벤트 광장 주변에는 도큐의 쇼핑몰을 도입하되, 역과 바로 붙어 있는 철길 옆에 생활가로를 하나 더 만들어서 기존 권리자들의 생활형 점포를 이 지역으로 유도했다. 동측의 배후주거지 주민들에게는 이 생활가로가 역으로 가는 지름길이므로 유동인구가 많다. 따라서 권리자들도 불만이 없었다. 반대편에 다카시마야가 조성한 버드나무 골목길처럼, 대형유통기업과 지역상권이 상생하는 좋은 사례라 하겠다.

츠타야서점이 있는 2단계 사업지는 상업기능에 업무 및 주거기능을 더하고, 문화나 정보의 거점이 되는 기능도 더해 라이프스타일센터를 넘어선 타운센터가 되도록 계획했다. 일본이나 한국이나 교외 신도시의 가장 큰 문제는 자족성이 없는 베드타운이라는 점이다. 라이즈 프로젝트는 처음부터 그 문제를 해결하고자 오피스와 문화시설 등이 결합된 복합개발을 표방했고, 먼저 오픈한 역앞의 1단계 사업에도 오피스를 도입했다. 하지만 그때에는 규모가 크지 않아서 생색내기 정도였다면, 2단계 사업에서는 지구 전체의 지속적 활성화를 위해 대규모 오피스와 호텔까지 계획했다. 오피스는 상품특성상 모여 있는 것을 선호하기에, 새로운 지역에 오피스를 지어 기업을 유치하는 것은 가장 난이도가 있는 작업이다. 오피스는 출퇴근을 위한 교통의 편리성도 중요하지만, 가급적 동종 업계와 모여 있어야 자연스럽게 정보교류와 사업의 시너지를 노릴 수 있기 때문이다.

그런 측면에서 보면 한국은 실패한 개발사례도 많지만 성공사례도 적지 않다. 국가정책에 의해 반강제로 이루어진 강남과 여의도 개발은 제외하더라도, 상암DMC와 판교테크노밸리 등은 정부의 강한 의지로 진행되었지만 입지적 장점을 높이 평가하면서 관련 기업들이 집단적으로 이주했고 생태계가 만들어지면서 자생력을 갖추기 시작했다. 물론 그렇지 못한 수도권 여러 국제업무지구들이 여전히 어려움을 겪고 있는 걸 보면, 업무기능의 유치 난이도가 어느 정도인지 짐작할 수 있을 것이다.

일본은 철저한 철도 중심의 출퇴근 생활이기에, 업무기능 면에서는 우리보다 훨씬 더 도심의존성이 강하다. 그래서 도쿄 외곽 수도권 거점지역에 도쿄의 혼잡을 덜기 위한 전략적 업무도심들을 계획했지만 성과를 내지 못하고 있다. 마쿠하리 신도심, 사이타마 신도심 등이 대표적 실패사례일 것이다.

하지만 교외철도를 기반으로 하는 민간 디벨로퍼 도큐의 경우 예전에 도심과 반대 방향인 이용 흐름을 만들기 위해 대학과 유원지 등을 유치했던 것처럼, 교외 거점지역에 업무지구를 만들 수만 있다면 한 번 더 반대의 흐름을 만들 수 있다고 보았다. 자연히 교외지역의 인구유출도 막을 수 있다. 그들의 도심 거점인 시부야에서 멀지 않으면서 대규모 복합개발로 종합적 매력을 뽐내는 후타고타마가와에 대규모 오피스빌딩을 지은 결정적인 이유다.

먼저 하드웨어적으로는 도심복합개발과 유사하게 다마강을 조망하는 최고 사양의 랜드마크 타워빌딩을 계획했다. 출장객을 위한 전망 좋은 비즈니스호텔을 타워 최상층부에 두는 한편, 저층부에는 대규모 회의시설과 이벤트홀을 넣어 기본적인 업무기능을 완비했다. 출퇴근의 편의성뿐 아니라 퇴근 후 여가를 위해 다양한 상업시설을 같이 계획했고, 오피스 로비 바로 앞에는 거대한 츠타야서점을 유치했다. 이와 같은 밑작업을 통해 도큐는 랜드마크 오피스빌딩에 일본 최대의 온라인쇼핑회사 라쿠텐을 유치하는 데 성공했다.

사실 라쿠텐은 다른 IT기업들처럼 시부야에서 창업한 이후 롯폰기힐즈에서 대기업으로 성장했고, 이후 글로벌기업을 표방하면서 공항과 가까운 덴노즈 지역으로 이전한 후에 다시 전략적으로 후타고타마가와에 둥지를 틀었다. 라쿠텐의 후타고타마가와 이전에 대해 일본 도시전문가들은 일부 우려의 목소리를 내기도 했다. 2차, 3차

산업시대와는 달리 앞으로는 쾌적한 근무환경도 중요하지만, 그보다 다양한 사람들과 자연스럽게 교류하며 새로운 아이디어를 도출하는 것에 기업의 성패가 달려 있다고 보기 때문이다. 후타고타마가와 라이즈의 최첨단 건물에서 멋진 조망을 즐기고 츠타야에서 시간을 보내더라도, 정보의 자극과 사람간 교류가 너무나 한정적이어서 결국 라쿠텐의 실험은 실패할 것이라는 예측도 있다. 전설적인 CEO 미키타니 회장이 그 우려를 불식시키며 라쿠텐을 더 크게 성장시킬지, 도시개발이라는 관점에서도 같이 지켜보면 좋을 듯하다.

한국의 경우 최근 여의도 더현대서울과 다산 신도시 스페이스원, 롯데월드타워몰과 의왕 타임빌라스 등 일본 유통전문가들도 높이 평가하는 쇼핑몰들이 속속 등장하고 있다. 개인적인 견해를 밝히자면 한국은 유통 대기업 3사가 평당 매출효율이 더 좋은 백화점 포맷을 유지하고 싶어서 쇼핑몰의 발전을 의도적으로 늦추었다고 생각한다. 최근에는 실제적 위기감을 느껴 대형 유통업체가 수도권 신규 거점 역세권에 주거 및 공원 등과 결합한 새로운 모델에 도전하는 듯하나, 여전히 4세대 라이프스타일센터나 타운센터 같은 모델은 보이지 않는다.

일본도 여전히 라라포트와 이온몰로 대변되는 3세대 쇼핑몰이 대세지만, 미쓰이부동산에 의한 쇼핑몰 라라포트와 결합한 '가시와노하 타운'이라든지 다치가와의 '그린 스프링스', 미나미마치다의 '그랑베리파크' 등, 새로운 교외 신도시 거점 역세권과 기존 도심을 타운센터로 만들기 위한 노력을 이어가고 있다. 쇼핑몰이 아닌 라이프스타일센터와 베드타운이 아니라 자족기능을 갖춘 교외 타운센터에서 오프라인 리테일의 위기를 살릴 해법을 찾을 수 있지 않을까 기대한다.

후타고타마가와에서 함께 보면 좋은 곳들

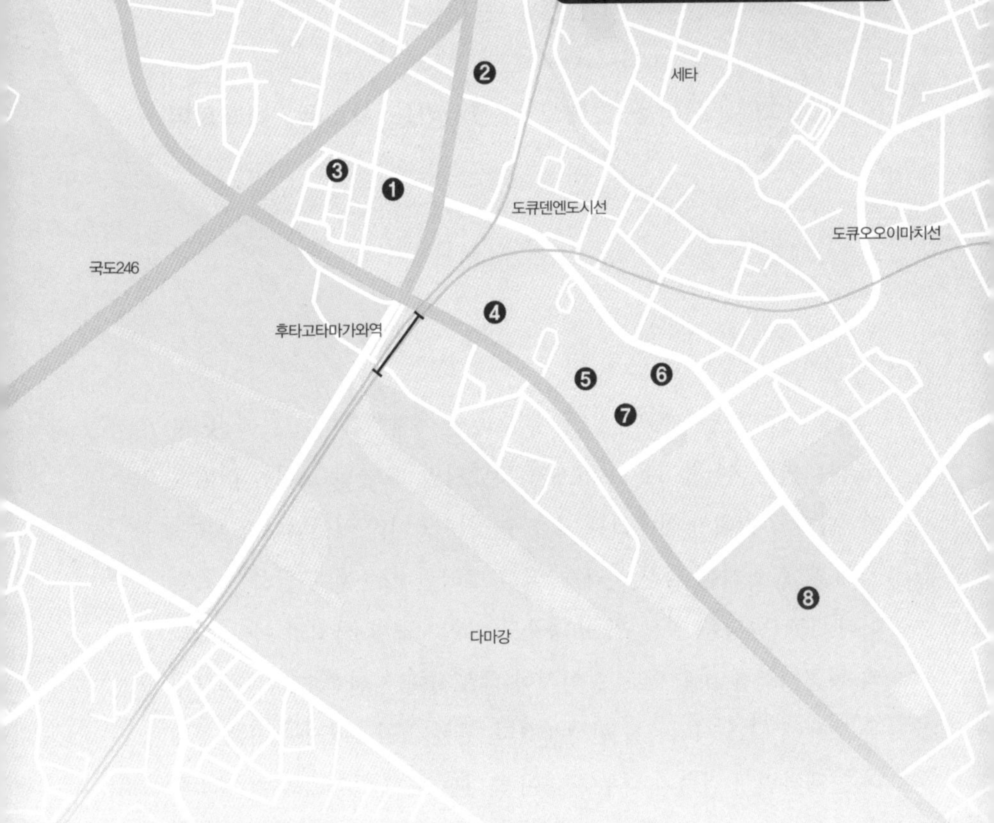

세타
도큐덴엔도시선
도큐오오이마치선
국도246
후타고타마가와역
다마강

❶ **다마가와 다카시마야 쇼핑센터와 백화점** : 일본 최초 교외 대형쇼핑몰 효시이자 끊임없는 진화로 지금도 지역 최고를 자랑하는 쇼핑센터.

❷ **다마가와 다카시마야 쇼핑센터 마로니에 코트** : 시대변화와 함께 동네로 확장된 쇼핑센터.

❸ **야나기코지** : 기존 동네와 상생하는 타운형 개발과 점포.

❹ **후타코타마가와 라이즈와 쇼핑센터와 이벤트광장 갤러리아.**

❺ **츠타야 가전과 쉐어라운지** : 타운센터를 표방하는 라이즈쇼핑센터의 앵커로서, 가전과 함께하는 라이프스타일을 제안하는 츠타야서점과 새롭게 들어선 코워킹 시설.

❻ **후타코타마가와 라이즈 중앙광장과 스트리트** : 타운센터형 쇼핑센터로서 다양한 이벤트를 위해 만들어진 중앙광장과 지역 전체를 관통하는 메인스트리트.

❼ **후타코타마가와 라이즈 라쿠텐 본사 오피스타워와 엑셀호텔 도큐** : 교외 베드타운 탈피를 위해 들어선 오피스타워와 이를 지원하는 비즈니스 호텔.

❽ **후타코타마가와 공원과 스타벅스 공원점** : 라이즈 개발과 함께 조성된 대규모 강변 공원과 전망 좋은 카페.

EPILOGUE | 도시를 만들고 성장시키는 사람들, 디벨로퍼

책을 쓰는 동안 2023년 11월에 오픈한 아자부다이 힐즈에 몇 차례 다녀왔다. 여러 이유로 화제가 되었지만 '오늘날 도시는 어떠해야 하는가?'에 대한 실마리를 찾을 수 있는 곳이라 이야기하고 싶다.

이 책에 소개한 다른 사례들 역시 그러한 기준에 부합하는 곳들이다. 모리빌딩은 일본 최초 대규모 복합재개발 사업인 아크 힐즈의 성공경험을 바탕으로, 동아시아 대도시에 적합한 도심개발모델을 모색해 힐즈 시리즈를 탄생시켰다. 롯폰기 힐즈에서는 기존 동네와 연계하면서 건축과 외부 환경이 하나된 도시 만들기와 지속적 활성화를 위한 타운 매지니먼트 등의 새로운 방법론을 찾고자 했다. 도쿄미드타운은 새로운 도시재생시대를 맞아 미쓰이부동산이 제시한, 높은 토지대를 극복한 컴팩트시티의 영리한 모델이었다. 즉 도쿄를 바꾼 개발프로젝트에서 보다 주목해야 할 것은 하드웨어가 아닌 프로젝트의 내면이며, 각각의 도시모델이 제안하는 새로운 시대의 라이프스타일이다.

그러나 여기에는 간과할 수 없는 전제가 있다. 좋은 동네를 만들어 함께 발전하고자 하는 사업주와 디벨로퍼의 남다른 의지가 없었다면 이 모든 것은 존재하지 않았을 것이다. 애초 이 책을 쓰기 시작한 것도 더 살기 좋은 도시, 시대에 맞는 도시를 만들기 위한 디벨로퍼들의 전략과 노력, 진정성을 알리고 싶은 마음에서 비롯되었다.

"용이 되어라. 구름은 스스로 모여들 것이다."

이는 모리빌딩 창업자인 모리 미노루가 평생 품은 좌우명으로, 높은 뜻과 이상을 품고 도전해가면 함께하고자 하는 동지들이 자연스럽게 모여든다는 뜻이다. 그의 말처럼 개인의 이익뿐 아니라 사업을 통해 지역과 도시를 변화시키겠다는 높은 이상과 의지, 그에 동참한 수많은 사람들 덕분에 세상에 없던 도시모델이 탄생한 것 아닐까.

마지막으로 장소 한 곳을 소개하며 책을 마무리하고자 한다. 아크힐즈 중앙광장 격인 '카라얀 광장'에 서면 반원형 폭포가 눈에 들어온다. 그 위를 쳐다보면 모리빌딩의 수풀 삼森을 상징하는 큰 나무 세 그루가 서 있다. 그 세 그루 사이 작은 샘에서 물이 솟아 여러 갈래로 나뉘어 아래로 떨어지는 폭포인데, 모리빌딩이 새롭게 바뀌는 이 지역의 샘물이 되어 이 동네를 함께 성장시켜 가겠다는 의미를 담은 것이다. 아울러 폭포 안쪽의 검은색 석벽을 자세히 살펴보면 영어와 일어로 새겨진 작은 석판을 볼 수 있다. 창업자 모리 다이키치로의 좌우명이자 모리빌딩이 아크 힐즈에 넣은 메시지다.

"우리는 고난(환난) 중에도 기뻐합니다. 고난은 인내를 낳고, 인내는 연단을 낳고, 연단은 희망을 낳음을 알기 때문입니다. 그리고 희망은 우리를 실망시키지 않습니다." -로마서 5장 3절~4절.

아크 힐즈를 개발하기까지 걸린 시간은 무려 19년, 하지만 이들은 불평하고 좌절하기보다 기뻐하며 인내하고 단련해갔다. 아카사카와 롯폰기를 이어준다는 프로젝트 명 '아크ARK'의 또 다른 뜻은 성경 '노아의 방주'에 나오는 방주Ark다. 방주는 새로운 세상을 탄생시키기 위한 거대한 재난 속 마지막 희망의 배였다. 이제 우리나라도 새로운 시대에 맞는 우리만의 희망의 배를 찾아야 할 시점에 와 있다.

솔직히 도시를 만들고 성장시키는 일은 재미있다. 도시는 사람이 하는 모든 활동의 기초이며, 무한한 가능성이 존재하기 때문이다. 일본 취업준비생들을 대상으로 입사선호도 조사를 하면, 상위권에 항상 디벨로퍼 기업이 자리하고 있다. 지역과 함께 기업의 가치를 만들어가는 디벨로퍼라는 보람차고 즐거운 직업에 부디 더 많은 사람들이 함께하여, 개인의 성장은 물론 우리 도시와 국가의 경쟁력을 높였으면 하는 바람이다. 아울러 이 책이 그러한 흐름을 만들어가는 데 조금이나마 도움이 되기를 희망해본다.

[참고 문헌]

≪힐즈, 도전하는 도시ヒルズ 挑戦する都市≫, 아사히 신서, 모리 미노루

≪지역의 가치를 올리는 도시개발地域価値を上げる都市開発≫, 학예출판사, 야마모토 가즈히코

〈신건축: 모리 빌딩, 건축에서 도시로〉 2012년 7월호 별책

≪도쿄 프로젝트東京プロジェクト≫, 닛케이 BP, 도쿄대학도시재생연구회

〈신건축 : 도쿄 미드타운〉, 2007년 5월, 2007년 12월호 별책

〈신건축 : 도쿄 150프로젝트〉, 2015년 7월호 별책

≪사람이 모여든다人があつまる≫, 노아출판, 하마노 야스히로

≪생활지로 : 행복한 동네 만들기生活地へ: 幸せのまちづくり≫, 가쿠요쇼보, 하마노 야스히로

≪건축안내@도쿄建築案内@東京≫, 닛케이 아키텍처

≪에도→도쿄형성의 교과서江戸→TOKYO なりたちの教科書≫, 단코사, 오카모토 사토시

[본문 사진 출처]

© Photos by PIXTA 18-19, 23, 42, 57, 58, 59, 62, 65, 82-83, 108, 140-141, 149, 152-153, 166-167, 175, 187, 196-197, 200, 224-225, 227, 230, 242, 243, 246-247, 249, 256, 276, 282-283p.
© Photos by JPI 87p.
© Photos by 박희윤 32, 90, 113, 118-119, 144, 206, 207, 221, 285p.

도쿄를 바꾼 빌딩들

디벨로퍼와 함께하는 도쿄여행

2024년 3월 18일 초판 1쇄 발행
2024년 12월 13일 초판 6쇄 발행

지은이 박희윤

펴낸이 김은경
편집 권정희, 한혜인, 장보연
마케팅 박선영, 김하나
디자인 황주미
경영지원 이연정

펴낸곳 ㈜북스톤
주소 서울시 성동구 성수이로7길 30 빌딩8, 2층
대표전화 02-6463-7000
팩스 02-6499-1706
이메일 info@book-stone.co.kr
출판등록 2015년 1월 2일 제2018-000078호

ISBN 979-11-93063-32-3 (03320)

북스톤은 세상에 오래 남는 책을 만들고자 합니다. 이에 동참을 원하는 독자 여러분의 아이디어와 원고를 기다리고 있습니다. 책으로 엮기를 원하는 기획이나 원고가 있으신 분은 연락처와 함께 이메일 info@book-stone.co.kr로 보내주세요. 돌에 새기듯, 오래 남는 지혜를 전하는 데 힘쓰겠습니다.